Gottlob Ernst Schulze

Über den Zweck des Studiums der Philosophie

Eine Vorlesung

Gottlob Ernst Schulze

Über den Zweck des Studiums der Philosophie
Eine Vorlesung

ISBN/EAN: 9783744629881

Hergestellt in Europa, USA, Kanada, Australien, Japan

Cover: Foto ©Thomas Meinert / pixelio.de

Weitere Bücher finden Sie auf **www.hansebooks.com**

Ueber den

höchsten Zweck

des

Studiums

der Philosophie.

Eine

Vorlesung

von

Gottlob Ernst Schulze

der Weltweisheit Doktor und ordentlicher Professor
zu Helmstädt.

La nature est plus ialouse de notre action que de notre
science.

MONTAIGNE.

Leipzig
bey Christian Gottlieb Hertel
1789.

Meine Hochzuverehrende Herren!

Unter den Erscheinungen, welche sich dem Menschen, so bald er über sich selbst und über die Dinge, mit denen er in Verbindung steht, nachzudenken anfängt, in so großer Anzahl darbieten, und seine Wißbegierde erregen, ist keine dem ersten Ansehen nach für ihn verwirrender und unauflösbarer, als die unübersehbare Mannichfaltigkeit der menschlichen Thätigkeiten und die überall von einander abweichenden Anwendungen der menschlichen Kräfte. Fast scheinen die Natur und die Launen eines eigensinnigen Schicksals mit den schwachen Sterblichen eben so ein kurzweiliges Spiel zu treiben, als wie der Knabe mit seinem Kreisel. Ohne Einheit bey

A 2　　　　ihren

ihren Planeu in Ansehung einer Hauptbestimmung dieses Lebens, und ohne irgend eine genaue
Abmessung der Mittel zu dem Hauptzwecke,
wenn ja für den Menschen ein Hauptzweck festgesetzt seyn sollte, theilen sie unter den Mitglie-
dern des Menschengeschlechts ganz verschiedene,
ganz entgegengesetzte Rollen aus; deren Bestimmung nur höchst selten errathen werden kann.
Zwar hat die Natur, über deren Eigensinn sich
die Menschen weit weniger beklagen dürfen, als
über die Launen des Schicksals, durch eine sehr
wohlthätige Täuschung wieder dafür gesorgt, daß
die meisten von den Sterblichen das Unangenehme bey dem Ungewissen und Räthselhaften ihrer
Rolle auf diesem Erdboden gemeiniglich gar nicht,
oder doch nur in einem ganz geringen Grade em-
pfinden. Die gefällige Eigenliebe mahlt fast jedem die Wichtigkeit seiner Rolle mit den lebhaf-
testen Farben aus. Unsere Handlungen und Geschäfte haben in unsern Augen immer einen sehr
hohen Werth, und stehen nach unserer Meynung
mit dem Zwecke dieses Lebens in der engsten Verbindung. Vorzüglich findet jeder von der Natur

tur begünstigte Kopf in seinem Lieblingsgeschäfte
etwas auszeichnend Großes; das in allen übrigen Arten der menschlichen Kraftäußerung nicht
angetroffen wird. Gemeiniglich sieht mit einer
Miene voll Geringschätzung der Dichter auf die
nüchterne Beredsamkeit des Redners, der Red-
ner auf die dunkeln Schriften des Weltweisen,
der Weltweise auf die blutigen Thaten des Feld-
herrn, der Feldherr auf die weniger Erstaunen
erregenden Bemühungen des Beschützers der
Künste des Friedens herab, und jeder glaubt
dem höchsten Ziele des gegenwärtigen Lebens am
nächsten zu seyn.

Sollte diese Erscheinung völlig unauflösbar
seyn; sollte sich kein allgemeiner Hauptzweck unsers Daseyns im gegenwärtigen Leben ausfindig
machen lassen können; sollte uns die Natur über
die Frage: welches die richtigste Anwendung unserer Kräfte sey, keine bestimmte und befriedigen-
de Antwort ertheilt haben; nun so hätte sie ihr
irdisches Meisterstück wegen des Wichtigsten im
gegenwärtigen Leben in quälender und höchst ge-
fährlicher Ungewißheit gelassen! doch wir würden

A 3   die

6

die Natur zu voreilig anklagen, wenn wir uns
über den Mangel an Belehrung über den höchsten Zweck des gegenwärtigen Lebens beschweren
wollten. Es giebt einen Standpunkt, der,
wenn man aus ihm die unübersehbare Mannichfaltigkeit der menschlichen Bemühungen und Thätigkeiten betrachtet, das erhabenste Schauspiel
gewährt: Es giebt einen Standpunkt, aus welchem unser Auge in den verschiedenen menschlichen Trieben Einheit mit Mannichfaltigkeit verbunden, das unerwartetste Streben und Zusam-
mentreffen in einem einzigen Punkte gewahr-
nimmt, wenn sonst in denselben nur Unordnung,
Zwecklosigkeit und Streit mit sich selbst sichtbar zu
seyn scheint: Es giebt einen Standpunkt, welcher in Ansehung der ganzen Geschichte der
Menschheit die beruhigendste und trostvollste Aus-
sicht eröfnet. Und zu diesem Standpunkte hoffe
ich Sie, Meine Herren, jetzt hinzuführen. Zwar
ist es mir nicht erlaubt, Ihnen alle Aussichten
dieses Standpunktes zu zeigen: Aber die von
mir bezeichnete Spur wird Sie, wenn Sie ihr
nachgehen wollen, leicht weiter führen, und zu
dem

dem höchsten Schwung der menschlichen Spekulationen über Daseyn und Leben erheben; und
ungeachtet ich mich jetzt nur auf eine Art der
Thätigkeit menschlicher Kräfte einschränke, um
den Zusammenhang derselben mit der Hauptbestimmung des Menschen Ihnen sichtbar zu machen; so werden Sie doch hiervon leicht eine lehr-
reiche Anwendung auf alle übrige Arten der
menschlichen Beschäftigungen machen können.
Doch ich eile, Ihnen den Inhalt unserer heuti-
gen Betrachtung näher bekannt zu machen.

Die Frage, die ich jetzt untersuchen will,
betrift den Werth der Philosophie, und ihren Zusammenhang mit der Hauptbestimmung des
Menschen. Gewiß keine unwichtige Frage, vorzüglich für Sie, da Sie bey dem täglich sich erweiternden Umfange aller menschlichen Wissenschaften nicht haushälterisch genug mit der Anwendung Ihrer Zeit auf Akademien umgehen
können. Zwar scheint diese Frage durch die über-
einstimmenden Aussprüche der edelsten Menschen
aller Jahrhunderte schon völlig beantwortet zu
seyn; denn es hat zu allen Zeiten Lobredner der

Phi-

Philosophie gegeben, deren Worte mehr enthalten, als leere Deklamationen; und unter jedem
Volke hat sich der Hang zu philosophischen Spekulationen in eben dem Grade mehr und mehr
ausgebreitet, in welchem Kultur und Vereblerung
unter demselben zunahmen. Aber wenn es ver-
möge einer sehr natürlichen Täuschung des menschlichen Geistes leicht möglich ist, daß er den Werth
einer Sache parteyisch vergrößere, daß er demjenigen einen allgemeinen und beständigen Nutzen
zuschreibe, was nur von einigen Seiten brauchbar ist: wenn der Mann von Talent den Gegenstand seiner Wirksamkeit so gern für das Wichtig-
ste und Edelste erklärt, womit sich der menschliche Geist beschäftigen kann; so kann eine genaue
Prüfung der Aussprüche jener Lobredner der Philosophie nicht überflüßig seyn. Und wem ist es
unter Ihnen ganz unbekannt, daß die Philosophen aller Jahrhunderte, mit einem fast unbe-
greiflichen Vorwitz, eine Menge von Fragen aufgeworfen haben, deren Entscheidung, wenn sie
auch möglich wäre, zum Wohl des Lebens wenig oder gar nichts beyzutragen scheinen? Soll
man

man etwa, um die Schönheiten der Natur zu
genießen, erst abwarten, bis die Philosophen es
werden ausgemacht haben, ob die materielle Welt
wirklich sey, oder nur zu seyn scheine? Soll man,
um Einen Körper zu gebrauchen, so lange anste-
hen, bis in den Schulen der Weltweisen wird
bestimmt worden seyn, ob die Seele unmittelbar
in den Körper würke, oder ob Seele und Körper in ihren Veränderungen nach einer von Ewigkeit her getroffenen Einrichtung harmoniren?
Soll man endlich, um den Urheber der Natur
dankbar lieben und verehren zu können, so lange
warten, bis die Philosophen sich endlich darüber
vereinigt haben, auf welche Art das Daseyn dieses Urhebers bewiesen werden könne oder müsse?
Ueber alle diese und andere ähnliche nützlich oder
unnütz scheinende Speculationen der Philosophie
entscheidet der gemeine Menschenverstand so schnell
und so zuverläßig, daß die Philosophie völlig
entbehrlich zu seyn scheint. Ja es ist sogar längst
ausgemacht, daß die Philosophie, anstatt ihren
wißbegierigen Verehrern über die wichtigsten Be-
gebenheiten und Phänomene dieses Lebens Lich-

und

und Gewißheit zu ertheilen, dieselbe: oftmals
in Irrgänge geführet hat, wo undurchbringliche
Nacht sie umgab. Denn woher kommen jene
Zweifel, die den Weisen oft in Ansehung der
wichtigsten Wahrheiten beunruhigen? Woher
nahmen Pyrrho, Huetius, Bayle, Hume und
die vielen andern, die sich nie öffentlich für An-
hänger einer Sekte zu bekennen getraueten, deren Aussprüche Hochverrath gegen die Natur
und gegen die Menschheit zu enthalten schienen,
woher nahmen diese Männer die fürchterlichen
Waffen, mit denen sie nicht allein die rechtgläubigen und nicht rechtgläubigen Dogmatiker aller
Jahrhunderte angriffen, sondern auch die nöthig-
sten Wahrheiten zur zufriedenen Fortsetzung des
Lebens bestritten? Wer wollte es endlich läugnen, daß sorgenlose Ruhe des Gemüths, daß fe-
ste und unerschütterliche Ueberzeugung, daß un-
besiegbare Anhänglichkeit an gewisse Meynungen,
sehr selten, ich möchte lieber sagen gar nicht, den eifrigsten Verehrern der Weltweisheit zu Theil worden sind? Der Anfang im Nachdenken ist auch
gemeiniglich der Anfang im Zweifeln, und je
eifri-

eifriger wir nach Wahrheit und Gewißheit forschen, um desto weiter scheinen sie sich aus unserm Gesichtskreis zu entfernen. Doch beynahe
muß ich befürchten, Ihnen einen Widerwillen
gegen die Philosophie beyzubringen, da ich nur
habe zeigen wollen, wie nöthig es sey, über den
höchsten Zweck der Philosophie nachzudenken, und
wie wenig man sich in Ansehung ihres Nutzens
auf die Aussprüche ihrer Verehrer verlassen dürfe. Lassen Sie uns also nunmehro, ohne auf
Auktorität die geringste Rücksicht zu nehmen, den
höchsten Zweck der Philosophie nach der Erfahrung und Vernunft selbst aufsuchen. Es wird
aber nöthig seyn, daß wir zuvörderst zum wenigsten ganz kurz anzeigen, was hier unter Philosophie verstanden werde, und was man nicht als
den höchsten Zweck derselben ansehen dürfe.

Man hat schon längst die Philosophie des gemeinen Lebens von der Philosophie der Schulen,
und zwar mit Recht, unterschieden. Jene betrachtet die den Menschen zunächst umgebenden
Gegenstände, sie erforscht den Zusammenhang
ihrer Veränderungen und den Einfluß derselben

auf

auf das menſchliche Wohl und Wehe. Dieſe
hingegen verbreitet ſich über den ganzen Zuſammenhang alles Endlichen; ſie ſchwingt ſich vom
Sichtbaren zum Unſichtbaren empor, und ſucht
nicht allein die höchſten und letzten Urſachen aller
Weltphänomene auf, ſondern beſtimmt auch den
Gehalt der menſchlichen Spekulationen über die-
ſelben. Jene iſt das Reſultat einer ausgebreite-
ten und fortgeſetzten Beobachtung über die tägli-
chen Gegenſtände des Lebens und über die mannichfaltigen Triebfedern der menſchlichen Handlungen. Dieſe hingegen ſetzet die genaueſte und
feinſte Analyſe der menſchlichen Vorſtellung und
Gefühle voraus; dieſe ſucht im Individuellen das
Allgemeine, im Veränderlichen das Beſtändige;
im Vergänglichen das Ewige auf, und ihre Erlernung erfordert eine Zurückziehung von den ge-
räuſchvollen Scenen des Lebens, um mit unge-
ſtörter Aufmerkſamkeit die feinſten Beziehungen
der Dinge und Begriffe ausfindig machen zu
können. Jene iſt faſt durchgängig praktiſch,
und ſchränkt ſich nur auf dasjenige ein, was den
frohen und glücklichen Genuß des Lebens befördert

oder

der hindert. Diese bleibt immer im Felde der Spekulation; sie sucht Befriedigung der menschlichen Wißbegierde, und überläßt es der Poesie und Beredsamkeit, das Resultat ihrer höchsten Untersuchungen durch Verschönerungen eindringend aufs Herz und auf den Willen zu machen. Von jener Weisheit des Lebens soll jetzt nicht die Rede seyn; nur den höchsten Zweck der Weltweisheit, der Wissenschaft übersinnlicher Vernunftwahrheiten, wollen wir aufsuchen, ihre Beziehung auf die Bestimmung der Menschennatur erörtern, und dabey auf keine Modifikation derselben, oder auf irgend ein besonderes System Rücksicht nehmen, sondern nur bey dem stehen bleiben, was als ein unveränderliches Eigenthum allen philosophischen Systemen gemeinschaftlich übrig bleibt, wenn man von allen den Veränderungen abstrahirt, welche die Wissenschaft übersinnlicher Vernunftwahrheiten seit ihrem ersten Ursprunge in Griechenland erlebt hat.

Aber wird es Ihnen nicht auffallend seyn, wenn ich jetzt behaupte, Erkenntniß und Aufsuchung der Wahrheit, genaue und vollständige

Er-

Erklärung der wichtigsten Weltbegebenheiten und der so zweydeutigen Erscheinungen an den Dingen dieser Welt, sey nicht der höchste und letzte Zweck der Philosophie? Es ist nicht meine Absicht, Ihre Aufmerksamkeit jetzt durch Paradoxa rege zu machen: Ich schätze und verehre so sehr, als jeder andere, die Bemühungen aller großen Männer um Wahrheit und Aufklärung; Ich weiß es, daß nicht jede Meynung über die Natur und den Zusammenhang der Dinge in der Welt gleich wohlthätig für die menschliche Ruhe und Glückseligkeit ist; daß die Philosophie so manchen, sehr schädlichen Irrthum zum Beßten der Menschheit glücklich bestritten hat; und ich werde nie unterlassen, sowohl alles zu widerlegen, von dem ich überzeugt bin, es sey Vorurtheil und Irrthum, als auch jeder Spur zu folgen, von der ich hoffen darf, daß sie mich dem Tempel der Wahrheit näher führen wird. Ja ich würde die heiligsten Pflichten zu übertreten befürchten, wenn ich Sie gegen Wahrheit und Irrthum nur einen Augenblick gleichgültig machte. Aber lassen Sie uns einmal annehmen, ge-

nau

naue Erkenntniß und Erfindung der Wahrheit
sey, der letzte und der höchste Zweck der Philosophie; wie viel Einwürfe und zwar sehr wichtige
Einwürfe lassen sich dann wider die Möglichkeit
der Erreichung dieses Zwecks vorbringen? Kann
wohl die menschliche Natur überhaupt bey ihren
vielen Schwächen und Einschränkungen auf genaue und vollständige Erkenntniß der Wahrheit
Ansprüche machen? Wird wohl der menschliche
Geist sich jemals aus seiner Natur heraussetzen
können, um eine Vergleichung seiner Vorstellungen mit dem Objektiven in der Natur, oder mit
dem Wissen und den Vorstellungen anderer er-
kenntnißfähiger Wesen von eben diesem Objektiven anzustellen? Gewiß wir kennen die Dinge,
die uns umgeben, nur nach einigen Beziehungen
zu unserer Natur; wir kennen sie nur nach den
Seiten, die gegen unsere innern oder äußern Organe gerichtet sind. Wofür wir kein Organ
haben, davon haben wir auch keine Kenntniß;
und die Frage, was die Dinge, aus denen die
Welt besteht, an sich sind? wird der Mensch auf
immer unbeantwortet lassen müssen. Aber wenn
man

man es auch einräumen wollte, daß der Mensch
zur genauen und vollständigen Erkenntniß des
Wahren bestimmt sey; wenn man es auch zugeben wollte, daß die Natur ihm Kräfte ertheilt
habe, in ihr Innerstes einzubringen; so würde
deswegen doch die Philosophie noch nicht als das
vorzüglichste Mittel anzusehen seyn, wodurch dieser Zweck der menschlichen Natur gewiß erreicht
wird. Es kann Ihnen nehmlich unmöglich unbekannt seyn, wie groß und wichtig der Streit
unter den philosophischen Systemen zu allen Zeiten gewesen ist. Was der eine Weltweise als
unzweifelhaft vertheidigte, eben das warb von
einem andern als Irrthum und thörichter Wahn
verworfen. Wo der eine helles Tageslicht zu
finden glaubte, da konnte der andere vor dicker
Finsterniß nichts erkennen; und in der Philosophie war von jeher ein Krieg aller gegen alle.
Freylich folgt daraus, daß viele die Wahrheit
nicht fanden, die sie suchten, noch nicht, daß sie
gar nicht zu finden sey, und vielleicht waren die
meisten Weltweisen selbst Schuld daran, daß sie
sich vom höchsten Ziele ihrer Wissenschaft zu sehr
ent-

·entfernten. Aber wenn die Wahrheit nur eine
und die nehmliche ist und seyn kann, und wenn
von jeher Uneinigkeit unter den Philosophen
herrschte, wer zeigt uns nun den Weisen, der in
das Heiligthum jener einbrang, und die angebe-
tete Göttin von Angesicht zu Angesicht schauete?
Sollen wir etwan diejenigen aus der Zahl der
Weltweisen ausstreichen, die das Unglück hatten,
nicht eben das für Wahrheit zu halten, was wir
dafür ansehen, und nicht eben das zu finden, was
wir beym Nachdenken über die Natur der Dinge
fanden? Diesen lächerlichen obgleich sehr ge-
wöhnlichen Stolz in seiner Blöße darzustellen,
halte ich jetzt nicht der Mühe werth: Der menschliche Geist wird nie aufhören, über das, was
wahr seyn soll, zu streiten; ja es wäre der größte
Nachtheil für ihn, wenn ers je thäte; und mit
eben der Geringschätzung, mit der wir jetzt auf
unsere Vorgänger in der Weltweisheit herabse-
hen, wird auch die Nachwelt uns und unsere
Meynungen über Wahrheit und Irrthum betrachten. Doch ich muß noch eine unläugbare Thatsache anführen, die mich gewiß rechtfertigen wird,

B   wenn

wenn ich genaue Kenntniß und Erfindung der
Wahrheit nicht für den höchsten Zweck des Studiums der Philosophie erkläre. Die Erwählung
eines gewissen Systems, der Beyfall, den wir
einer besondern philosophischen Secte geben, ist
gemeiniglich gar nicht in unserer Gewalt und
Willkühr. Die ganze Summe von Erfahrungen,
die wir zu bekommen Gelegenheit hatten, die besondern Umstände, unter denen wir aufwuchsen,
und unter welchen Körper und Geist gebildet
wurden, geben allen unsern Spekulationen eine
eigene Richtung und einen bestimmten Schwung;
sie ketten uns durch geheime und unsichtbare Ban-
de an gewisse Meynungen; sie hindern uns, den
Weg zu gehen, den andere giengen, als sie
Wahrheit suchten, und die eigenen Schicksale
eines jeden Philosophen bestimmten ihn gemeinig=
lich für ein gewisses System, ehe er es noch zu
beurtheilen und mit den übrigen Systemen zu
vergleichen im Stande war. Es kann also nichts
gewisser seyn, als daß wir, wenn auch der höchste Zweck der Philosophie genaue und vollständige
Erkenntniß des Wahren seyn sollte, immer un-

gewiß

gewiß bleiben müſſen, ob gerade die Umſtände
unſers Lebens die günſtigſten zur Erreichung dieſes Endzwecks, der doch unmöglich durch ein jedes der einander ſo ſehr widerſprechenden Syſteme der Philoſophen erreicht werden kann, geweſen ſind; es kann nichts einleuchtender ſeyn, als
daß die genaue Erkenntniß des Wahren, wenn
wir derſelben auch fähig wären, weit mehr eine
Folge unſers Schickſals, deſſen Schöpfer wir
unmöglich ſeyn können, als eine Frucht unſers
auf die Weltweisheit verwendeten Fleißes iſt.
Doch vielleicht kann das Studium der Philoſophie uns einen ruhigen und zufriedenen Ge=
nuß der Güter dieſer Erde verſchaffen; vielleicht
kann ſie durch die Aufklärung und Beſtimmung
gewiſſer Sätze, welche zur frohen Fortſetzung des
Lebens unentbehrlich ſind, und welche die letzten
Reſultate unſers über ſie angeſtellten Nachden-
kens ausmachen, unſerm Gemüthe diejenige
Stimmung ertheilen, welche nöthig iſt, um aus
allem, was da iſt, und was mit der menſchlichen Natur in Verbindung ſteht, die dauerhafte-
ſten Vortheile zu ziehen; und vielleicht lehrt uns

B 2   die

die Weltweisheit, ohne eben das Innere der
ganzen Natur aufzuschließen, den unversiegba=
ren Quell der Freude und der Glückseligkeit dieses
Lebens kennen.   Es ist zwar allerdings wahr,
daß die Philosophie den Genuß der Güter dieser
Erde erhöhet und veredlert; daß sie über die son=
derbaren Abwechselungen der Scenen dieses Le=
bens oft sehr beruhigende Aufschlüsse ertheilt; daß
sie uns manchen heilsamen Wink in Ansehung
des Genusses dieses Lebens ertheilt, und nicht
unbeträchtlich ist die Zahl derjenigen, welche
unter ihrer Leitung zum frohesten und edelsten
Genuß dieses Lebens gelangten.   Aber sollte dies
auch wohl bloß ein Eigenthum der Philosophie,
oder ihr höchster und letzter Zweck seyn?   Sollte
sie nicht die Ehre dieses Verdienstes ums mensch=
liche Wohl und um die menschliche Beruhigung,
gesetzt auch, daß sie es zuverläßig besäße, mit
der Weisheit des Lebens und mit der geoffenbar=
ten Religion theilen müssen?   Sollte vorzüglich
diese uns nicht auf weit kürzern Wegen, und oh=
ne einen eben so großen Aufwand von Zeit oder
eben so viel Anstrengung der Verstandeskräfte zu
fordern,

forbern, zu bemſelben Ziele führen? Sollten
nicht die vielen Zweifel über die wichtigſten Leh=
ren, mit denen uns die Philoſophie bekannt
macht, den frohen Genuß der Güter dieſer Erbe
manchmal ſchwächen, und zum wenigſten die Erreichung dieſes Genußes bey vielen verhindern
und erſchweren? Sollten endlich wohl jene ſub=
tilen und unauflösbaren Fragen, die den philoſophiſchen Spekulationen von jeher eingewebt wor-
ben ſind, und die nicht aus einem weſentlichen
Bedürfniſſe ſondern aus Vorwitz aufgeworfen zu
ſeyn ſcheinen, irgend etwas dazu beytragen kön=
nen, daß der Menſch ruhiger und zufriedner leb=
te? Doch ich glaube ſchon genug angeführt zu
haben, um begreiflich zu machen, daß ruhiger
und zufriedener Genuß der Güter dieſes Lebens
nicht der alleinige und der letzte Zweck des Stu-
biums der Philoſophie ſeyn könne; ja die tägliche
Erfahrung ſtellt ſo viele Beyſpiele von Menſchen
auf, die ohne Kenntniß der Weltweisheit alle im
irrdiſchen Leben mögliche Zufriedenheit und Glück-
ſeligkeit genießen: (und wie bedaurenswürdig
wäre nicht das Loos der Menſchen, wenn ihre

Glück-

Glückseligkeit von Spekulationen abhienge, mit denen der größte Theil derselben wegen seiner Umstände nie bekannt werden kann und wird?) Und man wird also die Philosophie, ohne parteiisch zu seyn, und ohne einseitig zu urtheilen, nie zur alleinigen und unversiegbaren Quelle der edelsten Freuden dieses Lebens erklären können.

Eben so wenig kann man aber auch den höchsten Zweck der Philosophie darinn setzen, daß sie uns mit gewissen Wahrheiten bekannt macht, die die Elemente unserer Kenntnisse in einem andern Leben nach dem Tode ausmachen. Daß der Mensch nach dem Tode fortdaure, und daß diese Fortdauer in Beziehung mit dem gegenwärtigen Leben stehe, das hat der größte Theil der Menschen bald dunkler bald deutlicher eingesehen. Aber gewiß, wir räumen den Gauckeleyen unserer Phantasie zu viel ein, wenn wir glauben, die Kenntnisse des gegenwärtigen Lebens seyen der Grundstoff der Kenntniß jenes neuen Lebens; gewiß wir sind einer Art von Träumerey (freylich einer sehr natürlichen Träumerey) ergeben, wenn wir uns einbilden, daß die auf dieser Erde erworbenen
benen

benen Einsichten das Fundament eines Gebäu-
des ausmachen werden, welches unsere ganze
gränzenlose Fortdauer hindurch ausgebauet und
vervollkommnet werden wird. Alle Beobachtungen über die Natur der Dinge, so weit wir
sie kennen, alle Aussprüche einer bescheidenen
Vernunft nöthigen uns nehmlich, anzunehmen,
es herrsche in dem unermeßlichen Staate Gottes
die größte Mannichfaltigkeit und Verschiedenheit.
Nur einen einzigen Blick werfe man auf die Einrichtung unsers Sonnensystems, und es wird sich
uns der Gedanke aufdrängen, daß die verschiedenen Theile desselben auch ganz verschiedene Gegenstände und ganz verschiedene Geschöpfe enthalten müssen. Und da das Gesetz der Verschiedenheit und Mannichfaltigkeit über alle Gegenstände
der sublunarischen Welt herrscht, so hat die Vernunft ein unstreitiges Recht anzunehmen, daß
dasselbe Gesetz auch über das ganze Universum
sich ausbreite. Nun aber schränkt sich alle menschliche Erkenntniß bloß auf unsere jetzige Natur,
und auf unsere jetzige Lage in der Welt ein. Wir
kennen die vorhandenen Dinge, bloß in so fern sie

B 4   sich

sich auf unser jetziges Daseyn beziehen, in so fern
sie auf unsere Organe würken, und der ganze
Inhalt der menschlichen Erkenntniß macht gerade
so viel aus, als wir zur glücklichen Fortsetzung
des jetzigen Lebens unentbehrlich brauchen. Ja
das Aufbehalten unserer Vorstellungen, die Fortdauer unserer Einsichten ist so genau an die Mit-
würksamkeit unsers gegenwärtigen Körpers ge-
bunden, daß sie ohne denselben gar nicht Statt
haben kann. Was sollte demnach der Innhalt
unserer jetzigen Erkenntniß in einer andern Welt
nutzen, deren Gegenstände ihm ganz und gar
nicht mehr entsprechen? Soll er etwan jenseits
des Grabes fortdauern, um das peinigende Bewußtseyn unserer ehemaligen Einschränkungen
und Verirrungen zu erhalten? Oder wie ist die
Fortdauer der auf dieser sublunarischen Welt erworbenen Kenntnisse in einem andern Leben nur
im geringsten wahrscheinlich, da die Seele sich
im Tode von ihrem Gefährten, dem Aufbewah-
rer aller im gegenwärtigen Leben erworbenen
Kenntnisse, auf immer trennen muß? Lassen
Sie uns also der Philosophie nicht einen Werth
bey=

beylegen, auf den keine Art der menschlichen Erkenntniß überhaupt Anspruch machen darf, und
lassen Sie uns dasjenige nicht zum Hauptzweck
der Philosophie machen, was, wenn auch alle
philosophische Systeme in gewissen Hauptsätzen
genau übereinstimmten (wie wenig dies aber der
Fall sey, und wie sehr hierdurch die Erreichung
des eben beurtheilten höchsten Zwecks in der Philosophie nothwendig verfehlt werden müsse, brau-
che ich wohl nicht erst besonders zu bemerken) doch
nie erreicht werden könnte.

Aber ich würde eine Hauptabsicht meiner gegenwärtigen Untersuchung verfehlen, wenn ich
mich nicht noch besonders auf gewisse irrige Meynungen einließe, die in Ansehung des höchsten
Zwecks der Philosophie unter den Studirenden
auf Akademien vorzüglich herrschen. Ich bin
selbst ehemals einigen dieser irrigen Vorstellungen
ergeben gewesen: Ich weiß es aus Erfahrung,
daß dieselben ziemlich allgemein ausgebreitet sind,
und ich hoffe also, es werde Ihnen nicht unange-
nehm seyn, wenn ich Sie auf diese Irrthümer
aufmerksam mache. Dreyerley Ursachen aber

B 5   sind

sind es, um welcher willen man gemeiniglich die Vorlesungen über Philosophie auf der Universität besuchen zu müssen glaubt. Einige nemlich sehen die Philosophie als die Propädevtik zu allen übrigen Wissenschaften an. Andere glauben, es bringe es die Gewohnheit so mit sich, in den ersten Jahren der akademischen Laufbahn philosophische Vorlesungen zu besuchen; noch andere meynen endlich, die Philosophie sey das beste Mittel die Unwissenheit und Arroganz mancher Religionslehrer zu beschämen, und die Lehren einer vorgeblichen höhern Offenbarung zu bestreiten. Lassen Sie uns untersuchen, in wie fern diese Absichten beym Studio der Philosophie richtig und vernünftig seyen, oder nicht.

Die erste Meynung in Ansehung des Zwecks der Philosophie scheint der Wahrheit sich gar sehr zu nähern. In der Philosophie werden nemlich die höchsten Grundsätze der menschlichen Vernunft, auf welche alles übrige menschliche Wissen sich gründet, untersucht und vorgetragen. Jede andere Wissenschaft knüpft ihre Behauptungen und Grundsätze an philosophische Spekulationen an,

und

und verweißt uns auf diese, wenn wir den höchsten Grund jener einsehen wollen. Auch macht
uns die Philosophie mit allen den Regeln genau
bekannt, nach welchen Wahrheit und Irrthum
in allen übrigen Theilen der menschlichen Erkenntniß zu prüfen und zu unterscheiden sind, und giebt
unserm Nachdenken so viel Gelegenheit sich selbst
thätig zu äußern, daß der ihr auf Universitäten
gewidmete Fleiß gewiß von den wohlthätig-
sten Folgen für das ganze übrige Leben und
für alle übrige Beschäftigungen, zu denen
wir durch den Lauf unsers Schicksals bestimmt werden, seyn muß. Endlich hat es auch
die neuere Geschichte hinlänglich bestätigt, daß
alle Wissenschaften und Künste, in eben dem
Grade an Vollständigkeit und Gründlichkeit zu-
genommen haben, in welchem die Lehren derselben mit den Spekulationen und Grundsätzen der
Philosophie genauer verbunden worden sind. Man
denke hierbey nur an die wohlthätigen Revolutionen, die seit Wolfs Zeiten und seit dem Enthu-
siasmus für Philosophie, den dieser große Deut-
sche in unserm Vaterlande ausbreitete, in den meisten

ften Wiffenfchäften fich zugetragen haben. Je
mehr alfo Jemand durch das Studium der Philofophie feine Erkenntnißkräfte geftärkt, und den
Geſchmack an Präcifion und Ordnung gebildet
haben wird, deſto vorbereiteter wird er auch zur
Erlernung jeder anderen Wiffenfchaft feyn; defto
tiefer wird er in den Geift der Theologie, Rechts-
gelahrheit, Medicin, Philologie, Geſchichte und
jeder andern gelehrten Keilntniß eindringen können; deſto mehr wird er im Stande feyn, die
Verfchiedenheiten, den Zufammenhang und die
mannichfaltigen Beziehungen der verfchiedenen
Theile des menfchlichen Wiffens zu überfehen.
Aber follte wohl diefe Vorbereitung zu den übrigen Wiffenfchaften den höchſten Zweck des Studiums der Philofophie, von dem wir itzt reden,
ausmachen? Sollte die Kenntniß der Philofophie wohl fchlechterdings unentbehrlich feyn, um
in Erlernung der Theologie, Jurisprudenz, Medicin u. f. w. glückliche Fortfchritte thun zu können? So wohl die Natur der Weltweisheit, als
auch unleugbare Erfahrung ftreiten mit diefer
Meynung. Man verftümmelt die Philofophie,

wenn

wenn man sie zur bloßen Vorbereiterinn für andere Wissenschaften erniedrigt, und unser Jahrhundert hat den großen Ruhm, die Fesseln, welche ihr durch diese Erniedrigung ehemals angelegt
wurden, gänzlich zerschlagen zu haben. In jenen Zeiten nemlich, als der Despotismus der
Hierarchie den menschlichen Verstand am Gän-
gelbande führte, als die besten Köpfe von Europa jedesmal in Rom erst anfragen mußten, wie
weit sie in Untersuchung und Bekanntmachung
der Wahrheit gehen dürften, konnte die Philosophie, da sie keine selbstständige Wissenschaft war,
nie den Grad von Vollkommenheit erlangen, dessen sie fähig ist, und den sie in den neuern Zeiten
wirklich erreicht hat. Man buhlte um die Schö-
ne, aber nicht um ihre Reitze zu genießen, sondern
um von ihren Händen die Waffen schmieden zu
lassen, wodurch man die verwegenen Angriffe
auf die Orthodoxie des römischen Hofs abhalten
könnte, und die Weltweisheit durfte es nicht
wagen ihre eigenen Kräfte ohne die ausdrückliche
Erlaubniß ihrer Gebieterinn, der sogenannten
himmlischen Weisheit, zu versuchen.

Zwar

Zwar hätte man vermuthen sollen, daß jene edlen
und großen Männer, welche im funfzehnten
Jahrhundert so muthig und so glücklich wider
Roms Tyranney stritten, auch das Joch zerbre-
chen würden, unter welchem die Philosophie schon
so lange seufzte. Aber entweder hörte man in der
Hitze des theologischen Streits nicht auf das Ge-
wimmer der Unterdrückten, oder vielleicht befürchtete man gar, sie würde trunken von der auf einmal ganz unerwartet erlangten und so lang ent-
behrten Freyheit, auf Ausschweifungen verfallen,
die ihrer bisherigen Beherrscherinn nachtheilig
seyn könnten. Sie blieb also, was sie vorher
war, nemlich Waffenträgerinn der Theologie.
Aber endlich erschien die Stunde der Befreyung
von dem weder einträglichen, noch ehrenvollen
Dienst, in dem die Philosophie so viele Jahrhunderte geschmachtet hatte. Cartesius zerschlug die
Fesseln der Knechtschaft, welche die Göttin bisher
getragen hatte, und kühnern Flugs schwang sie sich
wieder auf den Thron empor, auf dem sie ehmals
in Griechenland gesessen hatte, und um den sie
durch die Meutereyen des Aberglaubens und der

Un-

Unwiffenheit, zweyer der gefährlichſten Furien des
Menſchengeſchlechts, gekommen war. Seitdem
hat es allen ihren Feinden nicht wieder glücken
wollen, ſie von neuem abhängig zu machen, und
alljährlich traten mehrere Edle unter den Men=
ſchen auf, welche der Göttinn um ihrer ſelbſt wil=
len opferten. Doch es wird nicht nöthig ſeyn,
das angefangene Bild weiter auszumahlen. Die
Philoſophie ſchmachtet in dem unnatürlichſten
Zwange und ſinkt zur größten Unbedeutenheit
herab, ſobald man ſie nur in Rückſicht auf die
übrigen Wiſſenſchaften bearbeitet; und nirgends
konnte ſie ſich in ihrer wahren Größe und Erha=
benheit zeigen, als wo ſie unabhängig von allem,
was ſonſt noch den menſchlichen Geiſt intereſſirt,
ihren eigenen freyen Gang gieng. Vorbereitung
zu andern Wiſſenſchaften kann alſo nicht der höch=
ſte Zweck des Studiums der Philoſophie ſeyn.
Auch gehört hieher eine Bemerkung, die Ihnen
ſelbſt nicht entgangen ſeyn kann, daß nemlich ein
großer Theil derjenigen Unterſuchungen, welche
in der Philoſophie abgehandelt werden, und wel=
che in das Gebieth derſelben ſo nothwendig gehö=
ren,

ren, daß ihre Weglaffung die beträchtlichsten Lük-
ken in den abstrakten Spekulationen verurfachen
würde, sich so weit von dem Stoffe anderer Wif-
fenschaften und Künste entfernt, und so wenig in
einem nothwendigen Zusammenhang mit den
übrigen Theilen des gelehrten Wissens zu stehen
scheint, daß es würklich in Betracht der Kürze
des menschlichen Lebens und in Betracht des sich
täglich erweiternden Umfangs aller wissenschaftli-
chen Kenntnisse, wahrer Zeitverluft seyn würde,
wenn Jemand, der sich nicht dem Studio der Philosophie besonders zu widmen willens ist, den ganzen Umfang derselben genau durchgehen wollte.
Wen endlich die Natur bey Austheilung ihrer
Gaben nicht stiefmütterlich behandelt hat, wessen
natürliches Gefühl des Wahren und Nützlichen,
noch durch keine falsche Richtung verdorben worden ist, der wird, und die Erfahrung beweißt
dieß durch unzählige Beyspiele, ohne in den
Hallen der Akademie jahrelang zugebracht, ohne
um die Streitigkeiten und Meynungen der Weltweisen sich genau bekümmert zu haben, in jeder
Wissenschaft und Kunst, die seinen Anlagen an-

ge=

gemeſſen iſt, ſich vorzüglich hervorthun können. Die Philoſophie kann alſo nicht bloß Führerinn und Erzieherinn zu den übrigen Wiſſenſchaften ſeyn, und wollte man dieß für ihren einzigen und höchſten Zweck erklären, ſo wäre ſie für den Mann von einigen Talenten ſehr entbehrlich.

Aber was ſoll ich von denen ſagen, welche der Philoſophie wegen einer einmal eingeführten Ge- wohnheit einige Zeit widmen? Bedarf wohl dieſes Vorurtheil einer Widerlegung? Kann es im geringſten entſchuldigt werden, wenn der vernünftige Menſch ohne Abſicht, Zweck und Ziel die wichtigſten Augenblicke ſeines Lebens verſchwen- det? Kann er da Vortheile einernbten, wo er keine zu ſuchen und keine anzutreffen weiß? Doch ich würde ein Mißtrauen gegen Ihre Vernunft verrathen, wenn ich noch durch mehrere Gründe dieſes Vorurtheil beſtreiten wollte.

Wichtiger hingegen und der Prüfung würdi- ger iſt die Meynung derer, welche die Philoſophie als das ſicherſte Verwahrungsmittel gegen den religiöſen Aberglauben aller Art und aller Zeiten anſehen; welche ſie als die Rüſtkammer betrach-

ten, aus der man sich mit Waffen versehen muß,
um die Rechte der Wahrheit und des gesunden
Menschenverstandes gegen die despotischen und
nachtheiligen Angriffe einer vorgeblichen Offenbarung und ihrer Priester vertheidigen zu können.
Es wäre freylich für das Wohl der Menschheit
zuträglicher gewesen, wenn die Philosophie sich
nie in einen Kampf mit der Religion hätte einzulassen brauchen; es wäre für die Veredlerung der
menschlichen Natur weit mehr gesorgt worden,
wenn Vernunft und Offenbarung immer freund-
schaftlich Hand in Hand vereint den Menschen
seiner Bestimmung zugeführt hätten. Aber der
Streit hat einmal unglücklicher Weise seinen Anfang genommen, und er wird mit unbeschreibli-
chem Nachtheil für das menschliche Geschlecht noch
lange, lange fortdauern. Ach! eine der traurig-
sten Aussichten für den Menschenfreund. Aber
lassen Sie uns die Rechte der beyden Streiterin-
nen untersuchen. Es war gewiß ein durch mön-
chische Grundsätze verdorbener Kopf, der zuerst es
wagte, die Vernunft und die Offenbarung einander entgegen zu setzen, und es gehört gewiß ein

unge-

ungewöhnliches Maaß von Stumpfsinn oder ein
völlig erstorbenes und unterdrücktes Gefühl für
Moralität und Menschenwohl dazu, wenn man
diese Gegeneinandersetzung billigen kann. Der
Gott, der den Menschen mit den edelsten und erhabensten Vorzügen, nemlich mit den Fähigkeiten der Vernunft begabt hatte, der bey der Schöpfung ihm zurief: Erhebe dich über die Thierheit,
und werde durch den Gebrauch der Vernunft mir
ähnlich; der sollte ihm den Gebrauch dieser Vor-
züge verfägt haben? Welch ein ungeheurer Gedanke! der Gott, der den Menschen durch seine
Offenbarung früher zur Veredlerung und Glückseligkeit führen wollte, als er ohne diese Offenbarung beyder theilhaftig geworden wäre, der sollte
den Glauben an Lehren von uns verlangen, mit
welchen sich unsere Vernunft nie aussöhnen kann?
der sollte Handlungen uns zu Pflichten machen,
die gar nicht in der menschlichen Natur gegründet sind, die nach den Umständen, unter welchen
diese sich ausbildet und reif wird, gar nicht Statt
haben können? Nun so wäre das Thier, indem
es seinen Trieben blindlings folgt, weit glücklicher

C 2   als

als der Mensch, der dem Streite zwischen Natur und Offenbarung unterliegen muß! Aber wie kann, wird die eine Parthey triumphirend ausrufen, wie kann die schwache verdorbene Menschenvernunft, deren Fehltritte unzählbar sind, sich zur Richterinn des Göttlichen und Himmlischen aufwerfen? Ihre Natur bringt es ja mit sich, daß sie sich ihrer eigenen Schwäche wohl bewußt, unter den Gehorsam des Glaubens schmiege? In diesem Raisonnement liegt eine handgreifliche Inkonsequenz. Wenn nemlich die Vernunft zu schwach und zu verdorben ist, wodurch soll der Mensch die Offenbarung als Offenbarung erkennen? Wodurch soll er sie von den Betrügereyen der Schwärmer und Gaukler aller Jahrhunderte unterscheiden? Soll er etwa hierin sich nach der Mehrheit der Stimmen richten oder dem Ansehen des Alterthums nachgeben? Nun so müßten wir zum Polytheismus unserer Väter wieder zurückkehren. Doch, um nicht den Hauptpunkt in dem vorgeblichen Streite zwischen Religion und Vernunft zu vergessen, die wahre Offenbarung Gottes, die Religion des Christenthums,

ist

ist in gar keinem Streite mit der Vernunft, ist
grade das zuverläßigste Mittel, wodurch der
Mensch alles das wird, was er nach der Anlage
seiner ganzen Natur, nach der Bestimmung aller
seiner Kräfte und nach allen Umständen, unter
denen sich seine Natur hier auf Erden entwickelt
und ausbildet, seyn und werden kann. Die Lehren und die Vorschriften Christi sind der Menschennatur und allen ihren nothwendigen oder zu-
fälligen Bestimmungen und allen ihren Bedürf-
nissen so sehr angemessen, daß sie schon seit Jahrhunderten die strengste Critik der Vernunft ausgehalten haben, und alle Jahrhunderte hindurch dieselbe, werde sie auch noch so strenge, aushalten
werden. Wahrhaftig die Menschennatur müßte
aufhören Menschennatur zu seyn, wenn die Vorschriften Christi aufhören sollten wohlthätig und
heilsam für den Menschen zu seyn; und die menschliche Vernunft, oder die Philosophie, müßte eine
gänzliche Umkehrung erleiden, wenn sie in einen
wahren Streit mit jener gerathen könnte. Der
höchste Zweck der Weltweisheit kann also unmöglich darin bestehen die Wahrheiten der Offenba-

C 3   rung

38

rung anzugreifen und zu bestreiten. Aber ich
darf hierbey einen Einwurf nicht ganz unberührt
lassen, der mehr als zu gegründet ist. Das wahre und ächte Christenthum, wird man sagen, streitet nicht mit der Vernunft, und bedarf keiner
Philosophie, um gereinigt und geläutert zu werden. Aber die menschliche Unwissenheit und die
Verschmitztheit vieler falschen Lehrer des Christenthums, haben dasselbe fast seit seinem Ursprunge mit
so vielen Zusätzen und Narrentheidungen verun-
staltet; haben mit unglaublicher Frechheit ihren
ausgebrüteten Unsinn geltend und in ganzen großen Staaten heilig zu machen gewußt; haben
mit Uebertretung aller menschlichen Rechte, und
durch Feuer und Schwerdt dasjenige, was geradezu mit dem Christenthum streitet, dem Menschen als Christenthum aufgedrungen; und nur
allein die Philosophie ist im Stande unsern Verstand von den schimpflichen Ketten zu befreyen,
die ihm Dummheit und blinde Vorurtheile schmie-
deten. O! wie gern möchte ich die Wahrheit
dessen läugnen, was eben angeführt worden ist,
und was durch die Geschichte aller Jahrhunderte
des

des Chriſtenthums beſtätigt zu werden ſcheint!
Wie traurig und niederſchlagend iſt nicht der Ge‐
danke, daß das edelſte und erhabenſte Geſchenk
für die Menſchheit, eben durch diejenigen, die es
aufbewahren und ausbreiten ſollten, verderbt
worden iſt! Doch das Verderbniß des Chriſten‐
thums iſt nicht ſo groß und allgemein, als wie
man es oftmals vorgeſtellt hat. In allen Jahr‐
hunderten gab es Edle, freylich in dem einen
mehr als im andern, welche das ächte Chriſten‐
thum von dem unächten ſonderten. Und Sie,
meine Herren, leben in einem Lande, deſſen Er‐
habener Fürſt Freyheit im Denken und im Auf‐
ſuchen der Wahrheit jederzeit für heilig und un‐
verletzlich gehalten hat; Sie ſtudiren auf einer
Univerſität, die ſchon ſeit vielen Jahren das
eigentlich für jede Univerſität höchſte und unver‐
äußerliche Kleinod, Licht nach allen Kräften zu
verbreiten, beſeſſen hat. Die großen Beſchützer
unſerer Univerſität fordern es ſogar von Ihnen
als eine heilige Pflicht, daß Sie den Tempel der
Wahrheit auf neuen Wegen aufſuchen, daß Sie
Chriſtenthum in ſeiner ganzen Reinheit und Er‐

ha‐

habenheit kennen zu lernen sich bemühen. Ueber-
lassen Sie also das Studium der Philosophie als
Gegenmittel wider die Ansteckung des religiösen
Aberglaubens den Bewohnern solcher Länder, in
welchen menschlicher Unsinn heilig ist und öffentlich geschützt wird; in welchen die Reinigung des
Christenthums von menschlichen Zusätzen für das
erste Verbrechen gehalten wird, dessen der Mann
voll Freyheitssinn und Wahrheitsliebe sich schuldig machen kann; und in welchen die sogenannten Lehrer des Christenthums wegen ihrer beständigen Angriffe auf gesunde Vernunft noch belohnt
werden.

Doch ich glaube über dasjenige, was der
höchste Zweck der Philosophie und des Studiums
derselben nicht seyn kann und nicht seyn soll, schon
genug gesagt zu haben. Lassen Sie uns also nun
versuchen, ob wir uns näher zur Wahrheit aufzu-
schwingen vermögen, ob wir etwas finden können,
das ein unveräußerliches und alleiniges Eigenthum der Philosophie ausmacht, und das wichtiger ist, als alles, was man gemeiniglich als den
höchsten Zweck des Studiums derselben ansieht.

Wir

Wir werden aber dieses Höchste beym Studio der Philosophie nicht anders ausfindig machen können, als daß wir den höchsten Zweck des menschlichen Daseyns auf Erden aufsuchen und sodann erforschen, wie nahe das Studium der Philosophie mit diesem höchsten Zwecke unsers jetzigen Lebens in Verbindung stehe, wie sehr es ihn beförbere und die Erreichung desselben unterstütze. Denn sollte es sich ergeben, daß das Studium der Philosophie den Menschen mit hülfreicher Hand unmittelbar zu demjenigen Ziele führe, wohin eigentlich alle seine Kräfte und seine ganze Natur strebt, nun so müßte dies unstreitig der höchste und erhabenste Zweck der Philosophie seyn.

Ein aufmerksamer Blick auf die verschiedenen und mannichfaltigen Gegenstände der sichtbaren Natur, belehrt uns, daß alle Dinge in derselben, sie seyen organisirt oder unorganisirt, lebendig oder leblos, um gewisser Absichten willen da sind. Eben deßwegen ertheilte ihnen auch allen die Natur gewisse Kräfte, durch welche jene Absichten, worin die Bestimmung der Dinge besteht,

steht,

steht, erreicht werden, und welche Kräfte in Gemäßheit jener sehr verschiedenen Absichten bestimmt,
und besondern Gesetzen unterworfen sind. Ohngeachtet nun zwar alle Kräfte der Dinge nach Erreichung des Endzwecks derselben beständig streben und ohngeachtet die Dinge in der Welt ihre
Bestimmung, auf welche alle Veränderungen derselben, sie seyen nothwendig oder zufällig, Einfluß
haben, nie ganz verfehlen können; (denn es
müßte sonst zwischen der Bestimmung eines Dinges und zwischen seinen Kräften ein nicht gedenk-
bares Mißverhältniß seyn;) so erreichen doch
nicht alle die völlige Reife, zu der sie gedeihen könnten, oder sie werden selten alles dasjenige im ganzen Umfange und im höchsten Grade, was sie nach
ihrer Bestimmung seyn und werden sollten. Da
nemlich die Dinge in der Welt nirgends isolirt
würken, und da die genaueste Verbindung in
dem Weltganzen und in allen seinen Veränderungen, so weit wir sie kennen, Statt findet, so entste-
hen aus dieser Abhängigkeit eines Dinges von vielen andern vielmals mancherley Hindernisse, welche die Thätigkeiten der Kräfte desselben einschrän-

ken,

ten, und zugleich verursachen, daß die Erreichung
des ganzen Zwecks nicht bey allem, was da ist,
Statt findet. — Auch der Mensch, der Erstge=
bohrne der irrdischen Schöpfung, hat seine Be=
stimmung, und ist um gewisser Absichten willen
da. Die Natur ertheilte ihm in Gemäßheit die=
ser ihrer Absichten gewisse Kräfte oder Fähigkei=
ten, durch deren Gebrauch er das Ziel seiner Be=
stimmung erreichen sollte, und die in einer bestän=
digen Tendenz zum Ziele des menschlichen Da=
seyns stehen. Diese Bestimmung des Menschen
ist aber die erhabenste und größte, die bey einem
irrdischen Geschöpfe nur Statt finden konnte, und
besteht darinn, daß er durch die Ausbildung
und Erhöhung seiner Kräfte, zu einem andern Le=
ben nach dem Tode sich geschickt mache. Aber
es wird nöthig seyn, daß wir theils die Beweise
dieser Meynung von der Hauptbestimmung des
Menschen aufsuchen, theils das Eigenthümliche
und Besondere in der menschlichen Bestimmung
noch näher anzeigen.

Daß Erhöhung und Bildung der menschli=
chen Kräfte für ein anderes Leben nach dem Tode,

dessen

44

dessen Daseyn wir nach allen Gründen der Vernunft anzunehmen verbunden sind, und ohne welches die menschlichen Schicksale das unerklärbarste Räthsel ausmachen, die Hauptbestimmung der Menschennatur sey, dieß lehrt zuerst jene Perfektibilität, wodurch sich der Mensch so charakteristisch von allen übrigen lebenden und leblosen Geschöpfen dieses Erdbodens auszeichnet. Jedes Thier ist beynahe gleich in den ersten Tagen seines Daseyns alles das, was es seyn und werden soll. Die Instinkte desselben äußern sich fast gleich vom Anfange mit aller der Energie und Vollkommenheit, die zur Erhaltung des Thieres nöthig sind. Zwar hat man einigen Thieren durch Zwang und Erziehung einen gewissen höhern Grad der Vollkommenheit beygebracht, und sie in manchen künstlichen Thätigkeiten unterrichtet; aber wenn das Thier auch nicht allezeit durch diese Künsteleyen auf der einen Seite weit mehr verlor, als es auf der andern gewann; wenn auch nicht allezeit durch diese scheinbare Vervollkommnerung die Hauptinstinkte des Thieres geschwächt wurden; so ist doch diese Bildung der Kräfte bey den

Thie=

Thieren im Ganzen genommen sehr unbedeutend und geringe, und das Thier wird durch dieselbe nur wenig verändert und vereblert. Der Mensch hingegen arbeitet sich, von den ersten Tagen seines Daseyns an, zu immer höherer Vollkommenheit empor. In den frühesten Jahren seines Lebens ist er das schwächste und hülfsbedürftigste Geschöpf, das ohne elterliche Pflege gewiß umkommen würde. Aber noch hat seine Natur ihre völlige Reife nicht erlangt, und das Maaß seiner Kräfte überwiegt schon alle Vollkommenheiten, welche die Natur den übrigen Thieren verlieh. Gewiß die Thierheit und Menschheit ist im Ganzen betrachtet nicht so sehr von einander verschieden, als wie es der Mensch in den verschiedenen Perioden seines Lebens von sich selbst ist. Eben dasselbe Individuum, das als Kind in thierischer Dummheit seine Tage ohne Bewußtseyn verschlummert, das als Kind weder die auffallendsten Unterschiede der es zunächst umgebenden Dinge bemerkt, noch mit seinen Begierden über die gegenwärtigen Augenblicke sich erhebt, kennt und erforscht als Mann die feinsten Aehnlichkeiten und Verschiedenheiten

der

der Begriffe, überſieht den Zuſammenhang einer
ganzen Reihe von Wahrheiten, und dehnt ſeine
Begierden über die grenzenloſe Zukunft aus.
Welch ein unbegreifliches Wachsthum der menſchlichen Anlagen und Kräfte! Wer ſollte es denken und möglich finden, daß aus einem ſo kleinen
Funken jemals eine ſo große Flamme entſtehen
würde! Und wer wagte es wohl die Grenzen an-
zugeben, bis zu welchen die Flamme wachſen
kann? Wer getraute ſich zu beſtimmen, bis zu
welcher Extenſion und Intenſion die menſchlichen
Kräfte zunehmen können? Welcher vom Eigen-
dünkel freye Beobachter der menſchlichen Fähigkeiten wird ſich jemals unterſtehen, den Beſtre-
bungen menſchlicher Kräfte zuzurufen: Bis hier-
her, und nicht weiter? Unſer Zeitalter hat ja
Werke hervorgebracht, von welchen das ganze
Alterthum nie etwas träumte; und die Nachwelt
wird Dinge wirklich machen, die wir jetzt mit aller
unſerer Philoſophie für unmöglich halten. Der
ganze Charakter der Menſchheit, die der menſchlichen Natur ganz eigenthümliche Veredlerung
aller ihrer Kräfte und Anlagen beweißt es alſo,

daß

daß sie zur Erhöhung ihrer Kräfte bestimmt
sey. — Eben dieses beweißt aber auch die Natur des Erdbodens, den der Mensch bewohnt.
Die Vorsehung hat nemlich diese unsere gemein-
schaftliche Wohnung gerade so eingerichtet, wie
sie seyn mußte, um den Menschen immerwährende Gelegenheiten seine Kräfte anzuwenden und
dadurch zu erhöhen, zu verschaffen. Zwar giebt
es Gegenden auf unserer Erde, über welche die
Natur ihre Gaben sehr reichlich ausgeschüttet hat,
und die beynahe alles das freywillig hervorbringen, was der Mensch zur angenehmen Fortsetzung
des Lebens bedarf. Aber man entziehe nur diesen vorzüglich fruchtbaren Erdstrichen den Fleiß
und die Bearbeitung des Menschen; sie werden
verwildern: Kräuter, Pflanzen, Gesträuche und
Bäume werden sich einander ersticken; reissende
Thiere werden den Aufenthalt in diesen verwilder-
ten Gärten gefährlich machen; und die Frucht-
barkeit derselben wird beym Mangel menschlicher
Hände, durch welche ihre schädliche Auswüchse
beschnitten werden, gar bald in Unordnung und
in schädlichen Ueberfluß ausarten. Doch der bey
wei-

weitem größte Theil unsers Erdbodens muß erst
durch die Cultur zu Hervorbringung nützlicher
Früchte genöthigt werden; durch Fleiß und an-
haltende Mühe muß ihm der Mensch seine Gaben
abgewinnen; und er würde eine ungeheuer große
Wildniß ausmachen, wenn ihn nicht die menschliche Kunst in ein Paradies umschaffte. Ja selbst
die edelsten und wohlschmeckendsten Gaben des
Pflanzenreichs, haben sie nicht größtentheils der
menschlichen Pflege und Bearbeitung ihren Wohl-
geschmack zu verdanken? Erwarten nicht die
kostbaren Metalle von den menschlichen Händen
ihren Glanz und ihre Schönheit? Und sind
dieß also nicht insgesamt Beweise, daß die Vorsehung bey der Einrichtung unsers Erdbodens, den
der Mensch nicht allein bewohnen, sondern auch
verschönern sollte, ganz vorzüglich auf die Anwendung und Erhöhung der menschlichen Kräfte
Rücksicht genommen habe. — Hierauf zwecken
ferner die mannichfaltigen Leiden ab, denen die
menschliche Natur unterworfen ist, und auch sie
beweisen, daß der Mensch zur Thätigkeit und zur
Erhöhung seiner Kräfte bestimmt sey. Ohnmöglich

lich konnte die göttliche Weisheit und Güte
dem physischen und moralischen Uebel eine so große
Herrschaft über das ganze Leben des Menschen
und über alle seine Zustände einräumen, wenn
dadurch dem Menschen die Erreichung seiner Bestimmung erschwert oder gar vereitelt würde.
Sonst hätte sie ja in ihrem edelsten Geschöpf auf
Erden den größten Widerspruch wirklich gemacht,
und mit dem Menschen ihren Spott getrieben.
Denn was konnte ihr leichter seyn, als entweder
die Zahl der Leiden, die den Menschen drücken
und ihn verhindern das zu seyn, wozu er bestimmt
ist, zu vermindern; oder die menschliche Natur
mit einer größern Gleichgültigkeit und Gefühllo-
sigkeit gegen Schmerz und Qual auszurüsten?
Aber nein, die Gottheit hat sich keines Mißver-
hältnisses zwischen der Bestimmung des Menschen
und zwischen seinen gegenwärtigen Umständen
schuldig gemacht. Mit weisem Vorbedacht und
ihrer Absichten eingedenk, gab sie dem Willen
des vernünftigen Bewohners der sublunarischen
Welt die eigene Stimmung, daß er nie eher in
Thätigkeit ausbricht, als bis entweder ein gegen-

D   wär-

wärtiges Uebel ihn drückt, oder ein zukünftiges
Uebel ihn bedroht. Man nehme also der menſchlichen Natur ihre wahren und eingebildeten Leiden, oder man vermindre das Gefühl derselben,
und man wird ihr alle Urſachen zur Thätigkeit
rauben. Man fingire ſich einen Zuſtand, wo
dem Menſchen nichts mehr zu wünſchen übrig
bleibt, und alle menſchliche Kräfte werden in
einem ſolchen Zuſtande in Stockung und Unthätigkeit gerathen. Man zaubere alles Elend von
unſerm Erdboden weg, und der Menſch wird aufhören ſeine Fähigkeiten auszubilden und zu ver-
ſtärken; er wird aufhören das zu ſeyn, was er
ſeyn ſollte, nemlich ein durch die Anwendung ſeiner Kräfte ſich zu höhern Vollkommenheiten em-
porhebendes Geſchöpf. Und ſo hätten wir denn
die Fundamente zu einer der erhabenſten Theodi-
ceen gefunden! So wäre ein mit dem Unglück
ringender Menſch das würdigſte Schauſpiel für
die Gottheit! So wäre das Uebel, welches dem
Sterblichen ſo oft die bitterſten Thränen aus-
preßt, der Weg, auf welchen ihn die Vorſehung
ſeiner erhabenſten Beſtimmung zuführt! So
                                                   wäre

wäre endlich der Mensch seinem Ziele desto näher
gekommen, je mehr er, durch die fast nie ganz
sinkende Hofnung gestärkt und in Thätigkeit erhalten, den Unglücksfällen sich entgegen setzte, je
mehr er sie zu besiegen und zu überwinden gelernt
hätte! — Eben so deutlich erkennt man die
Hauptbestimmung des Menschen aus der Natur
der Vergnügungen, die ihm zu Theil werden.
Wer von uns fand nemlich das Gute, das ihm
nichts mehr zu wünschen übrig ließ? Kaum haben wir den Gegenstand der heissesten Begierde
erreicht, und er ist uns schon wieder gleichgültig,
oder gar auf immer unschmackhaft geworden.
Kaum ist ein Wunsch befriediget, und aus ihm,
sind schon wieder eine Menge anderer Wünsche
aufgeschossen. Jedes Vergnügen entspringt nemlich aus dem leichten Gefühl unserer Kräfte und
Vollkommenheiten. So lange uns gewisse Gegenstände dieses Gefühl verschaffen, so lange sind
sie für uns Quellen des Vergnügens und der
Freude; sobald hingegen dieses Verhältniß unserer Kräfte zu den sie beschäftigenden Gegenständen aufhört, sogleich erzeugen diese auch Schmerz

D 2   oder

oder Langeweile. Da nun aber die Kräfte unſerer Seele durch jede Anwendung und Aeußerung faſt immer gewinnen und erhöhet werden, ſo konnte das richtige Verhältniß der Gegenſtände unſerer Beſchäftigung zu unſern Kräften nie dauerhaft und bleibend ſeyn; ſo mußte die Befriedigung einer Begierde die Mutter vieler neuen noch unbefriedigten Begierden werden. Die Gottheit hat alſo auch bey dem Vergnügen des Menſchen die Hauptabſicht ſeines Daſeyns auf der Erde nicht aus den Augen geſetzt. Mit großer Vorſicht entfernte ſie alles von dem Erdboden, was Ihm Anlaß zur Ruhe oder Unthätigkeit hätte geben können. Sie wollte nicht, daß er je das Ziel ſeiner Wünſche finden, daß er je von aller Arbeit ausruhen ſollte; und indem ſie ihn alſo mit Unerſättlichkeit in ſeinen Begierden nach Freude und Vergnügungen aller Art begabte, verhinderte ſie, daß er es nicht, ſeiner höhern Beſtimmung uneingedenk, verſäumte, durch Anſtrengung und Erhöhung ſeiner Kräfte ſich zu einem überirrdiſchen Zuſtand vorzubereiten. — Doch vielleicht irre ich mich nicht, wenn ich behaupte, daß das

Eigen-

Eigenthümliche der menschlichen Wißbegierde
noch weit deutlicher die Hauptbestimmung des
Menschen zu erkennen giebt, als alles, was bisher angeführt worden ist, um diese Hauptbestimmung ausfindig zu machen. Auf wie viele und
mancherlei Gegenstände sich diese Wißbegierde
ausbreite, braucht wohl nicht erst bemerkt zu werden. Erde und Himmel, das Sichtbare und
das Unsichtbare, die Vergangenheit, das Gegenwärtige und die Zukunft, alles Wirkliche und alles Mögliche ist ein Gegenstand des menschlichen
Forschens; und ohngeachtet die Natur das Feld
des menschlichen Wissens sehr enge begrenzte, so
hat doch der Sterbliche diese Grenzen oft mit sicht-
barer Gefahr zu überspringen gewagt, und, aufgefordert durch die stets rege Begierde nach Erkenntniß und Verstandesbeschäftigung, sowohl
allen Hindernissen Trotz geboten, welche ihn in
seinem kühnen Fluge ins Reich des Möglichen
und Unsichtbaren aufhielten, als auch sich beynahe
mit der Erforschung solcher Gegenstände am meisten abgegeben, deren genauere Kenntniß theils
für ihn sehr unfruchtbar zur bequemen Fortsetzung

D 3 des

des Lebens, theils auch beynahe unmöglich war. Die meisten dieser kühnen Flüge sind freylich verunglückt; aber es ist dadurch doch nicht die Absicht der Natur mit dem Menschen verunglückt; denn sie alle haben bald mehr bald weniger dazu beygetragen, die Kräfte des Menschen in Thätigkeit zu erhalten, zu erhöhen und zu verstärken. Auch treffen wir in der Begierde des Menschen nach Einsicht und Erkenntniß noch etwas Eigenthümliches an, welches über die Hauptbestimmung desselben das hellste Licht verbreitet. Der menschliche Geist hat nemlich mit allem seinen Forschen nach Wahrheit und Kenntniß, wenn wir nicht auf das sehen, was der Mensch zu wissen braucht, sondern was er zu wissen wünscht, noch bis jetzt nicht ausfindig machen können, was seine Wißbegierde durchaus befriedigte, und nichts mehr zum Untersuchen übrig ließ. Zwar gab es zu allen Zeiten scharfsinnige Köpfe, welche das Heiligthum der Wahrheit betreten, und die Geheimnisse der Natur erforscht zu haben glaubten: zwar meynte mancher, die Grenzlinie zwischen dem Gewissen und Ungewissen in der menschlichen Erkenntkenntniß genau und bestimmt gefunden zu haben. Aber (ich berufe mich hierbey auf die Erfahrung aller Jahrhunderte, und auf die Bekenntnisse der größten Weisen aller Völker) wo und wann lebte der Sterbliche, dessen Auslegung der Natur= erscheinungen nicht angetastet und heftig bestritten worden wäre? Welches System über die Natur und über die Verbindung der Dinge, sollte es dem Scharffinne seines Erfinders auch noch so viel Ehre bringen, hat alle Probleme aufgelößt, hat alle Fragen über die Natur der Dinge beant= wortet, hat alles Zweifeln unmöglich gemacht? Welchen Weisen, sollte er auch der eifrigste Schü= ler der Natur gewesen seyn, hat nie der Tadel der Nachwelt getroffen? Und welcher wahre Weise fand nicht, wenn er eben am längst ge= wünschten Ziele seiner Untersuchungen zu seyn glaubte, eine Menge neuer Untersuchungen vor sich, mit denen er noch nicht halb fertig war, als der Tod seinem Forschen ein Ende machte? Es ist freylich für unsern Stolz nicht sehr schmeichel= haft, wenn man die Geschichte der menschlichen Kenntnisse durchgeht und in jedem Jahrhunderte

D 4

neue

neue Produkte des menschlichen Scharffinns an-
trift, die in dem gleich darauf folgenden als un-
brauchbare und veraltete Waare wieder verworfen wurden. Es ist freylich sehr bemüthigend,
wenn man bemerkt, daß selbst die herrlichsten Gebäude, die von dem menschlichen Verstande sogar
für die Ewigkeit aufgeführt zu seyn schienen, in
kurzer Zeit wieder eingerissen worden sind, und
daß zwar aus den Trümmern derselben immer
neue, aber eben so vergängliche Werke wieder
aufgeführt wurden. Doch wir wollen uns über
die Vorsehung nicht beklagen. Hätte sie uns
bessere Werkzeuge und bessere Materialien zum
Bauen gegeben; hätte sie uns mit mehr Gleichgültigkeit gegen Fehler und Irrthum ausgestat-
tet; wäre jemals der beschlossene unvergängliche
Bau vollendet worden, nun so würde der Mensch
mit seinem Werke zufrieden und in Unthätigkeit
und Ruhe versunken, sich von seiner Bestimmung
entfernt haben; rastlos, unersättlich und unermü-
det schuf sie also unsere Wißbegierde, damit wir
durch ununterbrochenes Forschen nach Licht und
Wahrheit unsere Kräfte stärkten; damit wir für
eine

eine andere Welt reisten, wo freylich das Mate-
riale unsers Wissens gänzlich unbrauchbar seyn
wird, wo aber Gegenstände seyn werden, die den
durch Gebrauch erhöheten Kräften unsrer unsterb-
lichen Natur angemessen sind. — Endlich sind
auch noch in der Weltregierung sehr viele Data
vorhanden, welche unleugbar beweisen, daß des
Menschen Hauptbestimmung die Erhöhung und
Vereblerung seiner Kräfte sey. Eigentlich vereinigt sich alles, was jemals geschehen ist, noch
geschiehet und in der Zukunft geschehen wird,
dahin, daß der Mensch diese Hauptbestimmung
erreiche. Aber ich werde jetzt nur einiges von
dem anführen, was hier berührt werden könnte.
Warum liegt auf dem größten Theil der Geschichte, deren genaue Einsicht ungemein lehrreich für
den menschlichen Verstand seyn müßte, eine so
große Finsterniß? Warum sind so viele nützliche und heilsame Erfindungen wieder gänzlich un-
tergegangen, ohne jemals dem größten Theile der
Menschen bekannt zu werden? Warum ist die
Laufbahn des menschlichen Lebens überhaupt so
kurz, und warum wird so oft der eifrigste Forscher

D 5 nach

nach Wahrheit mitten in seinen Bemühungen
durch den Tod aufgehalten? Ohnmöglich konnte
doch die Gottheit den Sterblichen um einen schwachen Strahl der Wahrheit beneiden; ohnmöglich
konnte sie doch an seinen wiederholten Irrthumern
und Fehltritten Gefallen finden; ohnmöglich konnte sie doch zugeben, daß das menschliche Geschlecht
ohne wichtige Absicht in seiner Kultur immer wieder von vorne anfange. Es war ihr ja etwas
leichtes, Anstalten zu treffen, durch welche wir
den genauen Zusammenhang der Weltbegebenheiten und der menschlichen Schicksale richtig und
vollkommen einsahen. Es konnte ihr ja nicht
schwer fallen, für die allgemeine Bekanntmachung
und Ausbreitung nützlicher Erfindungen zu sorgen.
Es konnte ihr ja nicht unmöglich seyn, es zu verhindern, daß die Schwächen des Alters oder der
Tod eben dann unserm Forschen nach Wahrheit
ein Ende machen, wann unser Verstand am stärksten und reifsten geworden ist. Aber ist Thätigkeit und Erhöhung der menschlichen Kräfte die
Hauptbestimmung des Menschen, so hat die
Gottheit weder durch die Dunkelheit, mit der sie
die

die Geheimnisse der Weltregierung bedecket, noch
durch die Kürze des menschlichen Lebens, die der
Vervollkommnerung aller Wissenschaften so nachtheilig ist; noch durch die übrigen Veränderungen in der Welt ihre Absicht in Ansehung des
Menschen verfehlt; so hat sie alles, was sich auf
unserm Erdboden zutrug, gerade so bestimmt und
eingerichtet, wie es nöthig war, um den Menschen in einer ununterbrochenen Anstrengung seiner Kräfte zu erhalten, um das Wachsthum seiner Kräfte zu befördern und ihn für die Ewigkeit
reif zu machen.

Ich darf wohl nicht befürchten, daß Ihnen,
Meine Herren, die jetzt gegebene Vorstellung
von der Hauptbestimmung der Menschennatur und
unsers jetzigen Lebens ganz ungegründet vorkommen werde. Sie scheint allen Erfahrungen (und
was ist unsere ganze Philosophie über die Natur
und über den Menschen anders, als eine Zerglie-
derung und Auslegung der Erfahrungen) vollkommen anzupassen; sie harmonirt ganz genau mit
allen in der menschlichen Natur vorhandenen Trieben und Kräften und verbreitet über die wichtig-

sten

sten Probleme in Ansehung der Weltregierung
ein so großes Licht, als wir nur immer in unserm
gegenwärtigen Zustande verlangen können. Freylich stimmt sie mit sehr vielen nicht überein, was
man in ältern und neuern Zeiten über Weltregierung und Menschenbestimmung gesagt hat; und
hätte Plato dieselbe gekannt, so würde er gewiß
die Fabel von dem ehemaligen goldenen Zeitalter
auf Erden, die selbst in den neuesten Zeiten noch
oftmals Gläubige gefunden hat, durch seine dich-
terische Verschönerung nicht noch wahrscheinlicher
gemacht haben. Schon lange — würde er vielmehr gedichtet haben, — beschwerten sich die
Sterblichen bey den Göttern über das ihnen zuge-
theilte Loos. Unser Leben, klagten sie, ist eine zu-
sammenhängende Reihe von beschwerlichen Arbeiten und unerträglichen Leiden. Kaum haben wir
das erste Tageslicht erblickt, so erwecken schon in
uns unzählliche Bedürfnisse und Schmerzen das
Gefühl unsers Daseyns. Sind wir erwachsen, so
ist mühsame Arbeit unsere beständige Bestimmung.
Alles, was wir zur Fortsetzung des Lebens bedür-
fen, müssen wir durch viele Anstrengung herbey-
schaffen.

schaffen. Die Ruhe der Nacht ist uns nur ge-
gönnt, damit wir zur Ertragung der Beschwer-
den des folgenden Tages wieder Kräfte haben.
Sogar allen Freuden, die uns überdem nur sehr
sparsam zu Theil wurden, sind Bitterkeiten
beygemischt; und ihr Genuß, anstatt uns zu sät-
tigen, ist eine unversiegbare Quelle neuer Bedürfnisse und neuer Qualen. — Endlich erreichten
die Klagen der Sterblichen den Olymp; und als
einstmals nach einem fröhlichen Mahle der Nek-
tarbecher in der Versammlung der Götter herum-
gieng, so fing man an über die Klagen der Sterblichen zu deliberiren. Zwar erinnerte Minerva,
die des Nektars nur wenig getrunken hatte, man
solle diese Deliberation auf eine andere Zeit ver-
schieben, und nicht durch einen zu voreiligen Ent-
schluß den Sterblichen mehr schaden als nützen.
Allein die Tochter des Jupiters ward überstimmt,
und die Götter lagen, berauscht vom Genuß des
Nektars, ihrem Vater an, den Klagen der Menschen abzuhelfen. Lange konnte sich Jupiter nicht
entschließen; endlich aber gab er, um die Freuden
des Mahles nicht zu stöhren, den Bitten seiner

Kin-

Kinder nach. Merkur ward also, um den menschlichen Klagen abzuhelfen, vom Olymp herabgesandt. Kaum hatte er mit seinem Zauberstabe den Erdboden berührt, so giengen die größten Veränderungen auf demselben vor, ganz den Wünschen der Sterblichen gemäß. Die wilden Thiere wurden zahm und für den Menschen unschädlich; Löwen und Tiger spielten mit den Lämmern. Das Pferd brauchte nicht mehr gebändigt zu werden; freywillig bot es seinen Rücken zum Sitz für den Menschen. Heerden von Rindern und Schaafen besuchten zu bestimmten Stunden des Tages die Wohnungen der Menschen, und brachten ihnen freywillig den Reichthum ihrer Euter. Der Acker erwartete nicht mehr den Pflug des Menschen, um Früchte tragen zu können; er war immerdar mit reifenden Saaten bedeckt, die nur geerndtet zu werden brauchten. Sträuche und Bäume prangten beständig mit schmackhaften Früchten, die nur genossen seyn wollten. Doch Merkur glaubte, er habe den Befehl der Götter nicht ganz vollzogen, wenn er nicht auch die Menschennatur verändere. Mit seinem wundererzeugen-

gen-

genden Stabe berührte er also die Seelen der
Sterblichen, und sogleich verschwanden in ihnen
jene heissen und unersättlichen Begierden nach
Freude und Genuß; jene Sorgen für die unbe-
kannte und ungewisse Zukunft; jener nie zu stil-
lende Durst nach Wahrheit und Gewißheit; und
die Sterblichen lebten, umgeben von allem, was
sie brauchten, und ohne das geringste Gefühl eines
Mangels, nur für die gegenwärtigen wollüstrei-
chen Augenblicke. Aber nicht lange dauerte dieser so oft vom Himmel erbetene Zustand der Menschen, als die Götter den begangenen Fehler einsahen. Die Sterblichen verschwelgten ihre Tage
in Unthätigkeit, und die Kräfte der Menschennatur verlohren alle Energie und allen Adel. Da
war keiner unter allen vernünftigen Bewohnern
des Erdbodens, der sich durch große gemeinnützi-
ge Thaten ausgezeichnet hätte; der ringend mit
Gefahren groß und götterähnlich geworden wäre;
der durch Besiegung des Lasters und durch Be-
schützung der Tugend sich des Olymps nach dem
Tode würdig gemacht hätte. Mit Betrübniß
mußten die Götter sehen, daß sogar ihre Altäre,

wo

wo sonst so reichlich geopfert wurde, ganz unge-
braucht verfielen; und schon befürchteten sie, daß
durch ein gänzliches Herabsinken der Menschennatur zur Thierheit der noch an Helden sehr leere
Himmel nie weiter bevölkert werden würde. Ein-
müthig wurde also in einer Versammlung be-
schlossen, den Merkur von der Erde zurückzurufen
und den menschlichen Angelegenheiten die ehema-
lige so weise Einrichtung wieder zu geben. Seitdem wird zwar das Geschlecht der Sterblichen
wieder durch Bedürfnisse, Mangel, Schmerzen,
Arbeiten, getäuschte Hofnungen und ungegründe-
te Furcht gedrückt; aber mit allen diesen Uebeln
kehrten auch zugleich die beym Anfange jener
Schlafsucht der menschlichen Kräfte von der Erde
gänzlich entflohenen Göttinnen des Muthes, der
Tapferkeit, der Standhaftigkeit, der Weisheit,
auf dieselbe wieder zurück, und die Menschen fin-
gen von neuem an, sich durch unsterbliche Thaten
zu den Bewohnern des Himmels empor zu
schwingen.

Aber es wird nun nöthig seyn, daß ich demjenigen, was bisher über die Hauptbestimmung

des

des Menschen behauptet worden ist, noch einige
Bemerkungen beyfüge, die, wie ich hoffe, zur
Aufklärung unserer gegenwärtigen Untersuchung
etwas beytragen sollen. — Der Mensch unter=
scheidet sich von den übrigen Geschöpfen des Erd=
bodens nicht blos durch die ihm allein eigenthüm=
liche Art seiner Bestimmung, sondern auch noch
dadurch, daß er sich der Absichten, um welcher
willen er da ist, bewußt ist. Eben deßwegen ist
er auch im Stande, für die Erreichung derselben
besondere Sorge zu tragen, und durch gewisse
Anstalten dieselbe zu befördern. Das Thier ist
bey der Erreichung seines Endzwecks ganz von
der Leitung seiner blinden Triebe abhängig; der
Mensch hingegen bestimmt seine Thätigkeiten nach
Einsichten und Wahl. — So wenig wie irgend
ein Geschöpf Gottes auf diesem Erdboden seine
Bestimmung ganz verfehlen kann, eben so wenig
ist der Mensch im Stande seiner Bestimmung
hier auf Erden ganz entgegen zu arbeiten, oder
etwas zu thun, das mit der Bestimmung seines
Daseyns ganz und gar nicht zusammenhienge.
Aber bey keinem Geschöpfe Gottes auf Erden

E   findet

findet Abweichung von dem höchsten Zwecke seines Daseyns in einem so starken Grade Statt, als wie bey dem Menschen. Er ist nemlich nicht allein bey der Aeußerung seiner Kräfte eben so sehr von den ihn umgebenden Außendingen abhängig, als wie die übrigen Dinge auf unserm Erdboden, und wird durch diese Dinge in Zustände versetzt, die ihn in der Erreichung seines Endzweckes aufhalten; sondern da auch die Anwendung seiner Kräfte nicht so genau von der Natur selbst bestimmt ist, als wie die Kräfte der leblosen und unvernünftigen Natur, und da er sich bey seinen Thätigkeiten nach seinen jedesmaligen Vorstellungen und Einsichten richtet, die oft höchst unvollkommen sind; so kann er von dem hohen Zwecke, um dessentwillen er da ist, sich weit mehr entfernen, und in der Entwicklung seiner Kräfte weit mehr zurückbleiben, als es den übrigen Geschöpfen des Erdbodens möglich ist. — Wenn der Mensch sich von der Bestimmung seiner Natur nie gänzlich entfernen kann, so muß Erhöhung und Veredlerung der menschlichen Kräfte und Fähigkeiten sowohl unter jedem Zu-

sianbe

stande dieses Lebens als auch bey jedem Menschen,
so lange er ein Individuum der Menschheit ist,
möglich seyn und Statt finden.   Die Erfahrung
bestätigt dieß hinlänglich; und hierinn liegt auch
noch ein sehr starker Beweiß, daß der oben angegebene Zweck des menschlichen Daseyns richtig
sey.   Man denke sich nemlich den Menschen, in
welchem Zustande man wolle; man denke ihn in
der Gesellschaft und außer derselben; in der Skla-
verey und in der Freyheit; in der Barbarey und
in der Verfeinerung; in der Unwissenheit und in
der Aufklärung; in der Kindheit und im männlichen Alter; unter dem Pole oder unter der Linie;
als Jäger, Fischer und Ackersmann, oder als
Künstler und Gelehrten; überall findet Anwendung und Aeußerung seiner Kräfte Statt; überall kann er erkennen, vergleichen, begehren;
überall können seine Fähigkeiten wachsen und erhöhet werden.   Freylich sind nicht alle Zustände,
in denen der Mensch sich oft befindet, für die Entwickelung und Erhöhung seiner Kräfte gleich vortheilhaft; und sehr oft hemmen oder verhindern
die Folgen unserer Handlungen die fernere Aus-

bil-

bildung, Vereblerung und Erhöhung unserer Kräfte: aber man denke sich den größten Böse= wicht oder den größten Thoren, und man wird bey ihm immer noch Aeußerungen des Verstandes und des Willens antreffen, die in einiger Bezie= hung auf den höchsten Zweck seiner Natur ste= hen. — Auch ist die Erfahrung, die wir fast täglich zu machen Gelegenheit haben, daß nem= lich durch die Aeußerung und Erhöhung einer Seelenkraft auch zugleich alle übrigen Kräfte der Seele erhöhet werden, in Ansehung der Lehre von der menschlichen Bestimmung außerordent= lich wichtig. Ob die menschliche Seele mehrere und in ihren Aeußerungen von einander unabhän= gige Kräfte besitze; oder ob alles, was wir von Veränderungen an der menschlichen Seele und an dem denkenden Ich wahrnehmen, Folge und Wirkung einer einzigen Kraft sey, die sich nur auf verschiedene Art äußert, diese Frage kann jetzt völlig unberührt bleiben; denn unstreitige Be= obachtungen lehren den Einfluß einer Kraft der Seele und ihrer Ausbildung auf alle übrige Kräf= te. So verschieden nemlich auch immer die man=

nich=

nichfaltigen Thätigkeiten der Seele dem ersten
Anblick nach zu seyn scheinen, so lehrt doch eine
genaue Analyse dieser Thätigkeiten, daß die Kräfte, die man an der menschlichen Seele zu unterscheiden für gut gefunden hat, nirgends isolirt
würken. Bey jeder Würkung der Sinnlichkeit
ist ein Bewußtseyn, ein Vergleichen des Mannichfaltigen in den Empfindungen und ein Unterscheiden desselben vorhanden. Bey jeder Aeußrung
der Sinnlichkeit ist also auch der Verstand beschäftiget. Den Ideen des Verstandes aber sind mei-
stentheils die Vorstellungen des Einzeln eingewebt. Auch hat noch jede Vorstellung, sie sey
sinnlich oder intellektuel, etwas Gefallendes oder
Mißfallendes an sich, welches die erste und ein-
fachste Aeußrung des Willens ausmacht. Der
Wille hingegen findet nicht ohne Vorstellungen
Statt, und wenn das Erkenntnißvermögen nicht
jedesmal mit dem Willen in Verbindung träte,
so würde dieser nicht thätig seyn können. Ueber-
dem liegt in jeder Willensäußerung ein Urtheil,
ein Vergleichen des Guten und Bösen, des Nützlichen oder Schädlichen zum Grunde. Man

E 3 trenne

trenne alſo immer die Kräfte der menſchlichen
Seele von einander um das Mannichfaltige ihrer
Eigenthümlichkeiten beſſer unterſuchen zu können;
in der Würklichkeit hat dieſe Trennung nie Statt
gehabt, und es kann alſo keine Vereblerung und
Erhöhung einer Seelenkraft Statt finden, welche
nicht auch einen wohlthätigen Einfluß auf die
übrigen Seelenkräfte hatte. Und wem fallen
hierbey nicht eine Menge von Beyſpielen ein, nach
welchen die Entwickelung und Erhöhung einer
Seelenkraft ſich über den ganzen Umfang der
Seelenkräfte ausbreitet, nach welchen das Erler-
nen mancher Kunſt und Wiſſenſchaft eine ſehr
nützliche Vorbereitung auf die Erlernung anderer
von jenen ganz verſchiedener Wiſſenſchaften war?
Sogar die Uebungen des Leibes, ſogar Fertigkei-
ten und Geſchicklichkeiten in Bewegung der Glie-
der des Körpers verſchaffen der Seele Anwendung
ihrer Kräfte und beförbern alſo die Ausbildung
und Erhöhung derſelben. Freylich ſcheinen manche Menſchen nur für eine einzige Art von Thätigkeiten Geſchick zu haben, und ſo groß ſich ihre
Kräfte in der einen Art ihrer Aeußerungen zeigen,

gen, eben so gering scheinen sie bey andern Arten
zu seyn. Aber oft ist dieses Unvermögen, welches
man bey einigen Menschen in Verbindung mit
anderweitigen hohen Vollkommenheiten bemerkt,
nur scheinbar und eingebildet; oft ist es eine Folge von der übermäßigen Anstrengung gewisser
Seelenkräfte, welches Uebermaaß in dem Einzeln
freylich für das Ganze schädlich seyn muß. Auch
sind im Grunde der Beyspiele von Menschen,
deren Kräfte sich auf einer Seite sehr groß und
vollkommen, auf allen übrigen Seiten aber sehr
klein und unvollkommen gezeigt hätten, nur sehr
wenige, daß sie also nur wie seltene Ausnahmen
von der allgemeinen Regel anzusehen sind; und
es ist also beständiges Gesetz für die menschliche
Natur, daß durch die Verstärkung und Erhöhung
einer ihrer Kräfte auch zugleich alle übrigen Kräfte erhöhet und verstärkt werden. Wie sehr aber
die Kenntniß dieses Gesetzes jeden in Ansehung
seiner Lebensart und seiner Geschäfte, die oft in
gar keinem Zusammenhang mit dem Endzwecke
der Menschennatur zu stehen scheinen, beruhigen
müsse; wie sehr dieselbe über die Weisheit der göttli-

E 4   chen

chen Vorsehung, die ihre Absichten mit den Menschen nie verfehlen kann, Licht verbreite; wie sehr dieselbe endlich uns zur Achtung gegen alle Mitglieder des Menschengeschlechts, und gegen die verschiedenen Geschäfte dieses Lebens verpflichte, braucht wohl nicht besonders angeführt zu werden.

Die letzte Frage, die hierbey berührt werden muß und deren Beantwortung nicht allein den Satz: daß durch jede Bildung irgend einer unserer Kräfte zugleich auch alle übrigen gebildet werden, erläutern, sondern auch bestimmter zeigen wird; welche Erhöhung der Kräfte unserer Natur Hauptbestimmung für uns sey, und in wie fern das Studium der Philosophie diese Hauptbestimmung befördere, ist diese: Worinn die Ausbildung unserer Seelenkräfte bestehe, und was Uebung und Anwendung der Fähigkeiten unseres Geistes eigentlich in Absicht der ganzen Seelennatur würken? Es kann aber diese Würkung dreyerley Art seyn. Sie kann nemlich theils in einem Hervorbringen ganz neuer Kräfte oder Vermögen in der Seele bestehen; theils ein bloßes

Sicht-

Sichtbarwerden und eine bloße Anwendung der
in der Seele von ihrem Anfang an schon in ihrer
ganzen Größe vorhandenen Kräfte ausmachen;
theils endlich eine Erhöhung und Verstärkung des
innern Seelenvermögens seyn. Laſſen Sie uns
dieſe verſchiedenen möglichen Folgen der Anwen=
dung unſerer Kräfte genauer beleuchten. Daß
durch die Wurkſamkeit der mannichfaltigen Ge=
genſtände dieſes Lebens auf die leidenden und thä=
tigen Kräfte des Menſchen, und durch die Aeuße=
rung dieſer Kräfte, in der Seele ſelbſt ganz neue
Anlagen und Fähigkeiten, die urſprünglich in un=
ſerm denkenden Ich nicht vorhanden waren, er=
zeugt werden ſollten, hierzu iſt nicht der geringſte
Grund vorhanden. Das Kind zeigt ſchon alle
die Vermögen und Kräfte, die der Mann be=
ſitzt, nur daß ſie in dieſem vollkommener wurkſam
ſind, und alle die Beſtandtheile, welche das Ge=
nie eines Leibniz oder Newton ausmachen, wer=
den auch in dem roheſten Barbaren und in dem
einfältigſten Menſchen im Kleinen alle angetrof=
fen. — Weit wahrſcheinlicher iſt hingegen die
Meynung, daß durch Uebung und Anwendung

E 5   der

der Seelenkräfte nur eine Entwickelung der in der
Seele schon vom Anfange vorhandenen Fähigkeiten und Kräfte bewürkt werde. Nach dieser Meynung würde die junge Menschenseele, eben so wie
nach einigen der Embryo des Körpers alle künfti-
ge Theile desselben schon im Kleinen und einge-
wickelt enthält, auch schon alles das enthalten,
was in spätern Jahren sich nur völliger und stärker zeigt; und die Ausbildung der Seelennatur
würde in weiter nichts bestehen, als theils in einer
Vermehrung der Vorstellungen und Ideen aller
Art; theils in einer Leichtigkeit und Fertigkeit diese Vorstellungen und Ideen in der Seele hervorbringen zu können. Einige Philosophen haben
würklich die Aehnlichkeit zwischen dem Wachsthum der Seele und des Körpers bis zu diesem
Extrem getrieben, und gewisse Erfahrungen scheinen diese Hypothese zu begünstigen. Bey dem
Menschen regen sich nemlich die Gefühle der Thätigkeit und die Reitze zur Kraftäußerung vorzüglich theils in denjenigen Theilen ihrer Natur, womit sie am meisten beschäftiget gewesen, theils auf
die Art, wie sie thätig zu seyn am meisten gewöhnt
wor-

worden sind. Die Virtuosen in jeder Kunst und
Wissenschaft wollen, wenn sie Kraft und Lust zur
Thätigkeit in sich fühlen, dieselben nur auf die
Art äußern, wie es bisher in ihnen vorzüglich geschehen ist; der Dichter will beym Gefühl dieser
Kraft dichten; der Philosoph denken und untersuchen; der Laufer laufen; der Held streiten; und
es scheint also, daß Uebung der Seelenkräfte nur
eine Fertigkeit, gewisse Ideen lebhaft und leichte
hervorzubringen erzeuge, und Ausbildung des
Menschen blos in einer Vermehrung des Materiellen seiner Erkenntniß bestehe. Hierauf führt
auch die sehr bekannte Erfahrung, daß alle Genies
ihren Beruf von der Natur erlangen, und daß
keine Anstrengung und keine Bemühung den
Mangel der Naturgaben ersetzen kann. Wäre
nemlich, wie es scheint, Uebung und Anwendung
würklich im Stande die Seelenkräfte intensive
und extensive zu verstärken, oder zu vervollkomm-
nern, so müßte der Mangel an Naturgaben durch
anhaltenden Eifer in der Erlernung einer Kunst
und einer Wissenschaft ersetzt werden können.
Endlich ist ja aus der Erfahrung bekannt genug,
daß

daß eben derselbe Kopf, der in einer gewissen
Würkungsart sich ganz vorzüglich zeigt, in einer
andern, wenn sie auch mit jener nahe verwandt
ist, bisweilen nicht einmal das gewöhnliche Maaß
von Kräften zu besitzen scheint. Was ist zum
Beyspiel näher verwandt und gleichartiger, als
die verschiedenen Dichtungsarten; und dennoch
wird der Erfinder einer erhabenen Epopee vielleicht
kaum eine erträgliche Idylle verfertigen. Be=
würkte aber Anwendung der Seelenkräfte mehr
als eine Fertigkeit Vorstellungen von einer gewis=
sen Gattung zu haben und hervorzubringen; so
müßte der in einem Fache der Künste und Wis=
senschaften große Mann, jederzeit auch in allen
übrigen groß seyn. — Doch auch die dritte Mey=
nung in Ansehung des Wachsthums unserer See=
lenkräfte verdient geprüft zu werden. Nach der=
selben bewürkt die Anwendung unserer Fähigkei=
ten nicht allein eine Vermehrung der Vorstellun=
gen in der Seele, und eine Leichtigkeit die vor=
handenen Kräfte auf eine gewisse Art zu äußern,
sondern auch außerdem noch eine Erhöhung der
Kräfte selbst, eine verstärkte Fähigkeit würksam

zu

zu seyn, und es kommt nur auf die Art an, wie
wir unsere Kräfte gebrauchen, um das innere
Wachsthum unserer thätigen Seelennatur zu be-
würken. Genaue Beobachtungen über das Eigenthümliche der Entwickelung menschlicher Kräfte beweisen diese Meynung hinlänglich. Beständ-
de nemlich die Kultur des menschlichen Geistes
in weiter nichts, als in einer Vermehrung der
Vorstellungen in der Seele, und in einer Leichtigkeit dieselben hervorzubringen, so wäre es nicht
möglich, daß wir in den Geist der Wissenschaften und Künste tiefer eindringen, daß wir eine
Wahrheit und ihren Zusammenhang mit andern
Wahrheiten deutlicher und vollkommener wahrnehmen könnten; die Ideen würden zwar der
Zahl nach wachsen können, aber die Seele würde
nicht im Stande seyn durch eine öftere Wiederho-
lung derselben ihren Innhalt vollständiger zu fassen. Man gebe dem Menschen verschiedene Gegenstände in einer bestimmten Entfernung mehr-
mals zu sehen, so wird es ihm zwar leicht werden
diese Gegenstände auch in ihrer Abwesenheit sich
vorzustellen: allein wenn die Stärke seines Au-

ges

ges nicht zunimmt und die Gegenstände ihm nicht
näher gebracht werden, so werden sich die Vorstellungen davon nie ändern, nie völliger und genauer werden. Würde ferner durch die Uebungen
der Seelenkräfte kein innerer Zuwachs derselben
bewürkt, so könnte die Erlernung gewisser Künste
und Wissenschaften nicht von so wohlthätigem
Einfluß auf die Erlernung anderer, von jenen oft
ganz verschiedener seyn; so müßte es dem Jüng-
ling gleich leicht seyn, ob er Mathematik und Philosophie oder ob er Geschichte erlernte; so müßte
der erwachsene Mann vom ausgebildeten Verstande beym Studio einer ihm noch unbekannten
und seinen schon erlangten Kenntnissen ganz un-
ähnlichen Wissenschaft eben so viel Zeit und Mühe
brauchen, als der noch ganz unwissende Mensch.
Dies ist aber wider alle Erfahrungen; also muß
durch die Uebung unserer Kräfte eine formelle Erhöhung und eine Anlage derselben zu stärken Aeußerungen erzeugt werden. Hieher gehören endlich
auch noch jene Erfahrungen, nach welchen der
Mann von ausgebildeten Talenten sich in die
mannichfaltigsten Geschäfte und Thätigkeiten gar
bald

bald finden kann, und beynahe überall zu Hause
zu seyn scheint. Denn machte dieses ausgebilde-
te Talent nur eine Leichtigkeit, Ideen von einer bestimmten Gattung zu haben und leicht zu erneuern,
aus; so könnte das gebildete Genie keine Ge-
schicklichkeit zu ganz verschiedenartigen Thätigkeiten haben; und so könnte es nicht überall, wohin
es seine Aufmerksamkeit richtet, so geschwinde
Entdeckungen machen und neue Wege betreten.
Freylich wird der innere Anwachs unserer Seelenkräfte und die formelle Erhöhung derselben
nicht durch jede Art der Anwendung unserer Kräfte gleich gut befördert, und daher kömmts sehr
oft, daß die Erlernung einer Wissenschaft
gar keinen Einfluß auf die Erlernung anderer
Wissenschaften hat. Bey wem nemlich das Er-
lernen gewisser Wahrheiten und der Gebrauch der
übrigen thätigen Kräfte nicht Anstrengung des
Verstandes und eine Würkung des eigenen Nach-
denkens, sondern nur ein Aufbewahren im Gedächtnisse, oder eine Nachahmung der Bewe-
gungen, so er an andern wahrgenommen hat,
ausmacht; der kann keinen merklichen innern

Zu-

Zuwachs seiner Kräfte erhalten. Wer nicht selbst nachzubenken strebt, sondern nur das Resultat vom Nachbenken anderer zu wissen bemüht ist, der kann leicht die Masse seiner Vorstellungen vermehren, ohne die innere Kraft seiner Seele gestärkt zu haben; und es ist für ihn aller Gewinn seiner Bemühungen wieder verloren, sobald das gemachte Resultat im Gedächtnisse ausgelöscht worden ist, oder sobald der Reiz zur Nachahmung fehlt. Ganz anders verhält es sich bey Menschen, die nicht nur auffassen und behalten, sondern auch selbst nachbenken und untersuchen. Das Resultat dieser Untersuchung kann, da der gute Kopf, seiner innern Stärke sich bewußt, das sorgfältige Bemerken desselben nicht eben für sehr nothwendig hält, vielleicht bald vergessen seyn, ohne daß dadurch die Seele desselben an ihren Realitäten etwas verloren hat. Eben daher ist es auch begreiflich, warum benkende Köpfe gewisse Wissenschaften und Kenntnisse, in denen sie ehemals sehr groß waren, weit schneller wieder vergessen, nachdem sie denselben ihre Aufmerksamkeit entzogen haben, als andere, die ohne jemals einzu-

bringen

dringen in das Innere einer Wissenschaft, die
Hauptsätze derselben nur dem Gedächtnisse anver-
trauet haben.

Ich könnte nun sogleich zur Untersuchung
übergehen, in wiefern das Studium der Philosophie die eben erklärte Hauptbestimmung unserer
Natur befördere und unterstütze; wenn ich nicht
befürchtete, daß einige aus der Naturgeschichte
des Menschen hergenommene, und eben deßwegen
sehr wichtige Einwendungen und Zweifel gegen
die hier angegebene Hauptbestimmung der Menschennatur Statt fänden. Lassen Sie uns also
diese Zweifel nicht ganz unberührt übergehen.
Zuerst kann man nemlich sagen: Wenn formelle
Erhöhung und Stärkung der Kräfte die Hauptbestimmung für die Menschennatur ist, wenn diese
Erhöhung auf die Ewigkeit abzweckt, und der
Mensch also in eben dem Maaße für das Leben
nach dem Tode reifer ist, in welchem seine Natur
dieser Erhöhung theilhaftig worden ist; warum
geschieht es denn, daß die menschlichen Kräfte
durch einen übermäßigen Gebrauch so leicht er-
matten und erschlaffen? Wäre der absolute und

F   formelle

formelle Anwachs der Kräfte im Menschen sein
Hauptzweck, wollte die Vorsehung, daß wir durch
Thätigkeit und Kraftäußerung das Seelenwesen
im höchstmöglichen Grade (und die Perfektibilität des Menschen scheint in diesen Graden keine
Grenzen zuzulassen) verstärkten, so würde ja dafür gesorgt worden seyn, daß der Mensch nicht so
leicht durch das geflissentliche Streben nach seinem Zweck die Erreichung desselben selbst unmöglich machte; und jede Kraftäußerung würde also
anstatt Ermattung und Schwäche jemals zu erzeugen, vielmehr allezeit etwas zur Erhöhung der
menschlichen Kräfte beytragen müssen. Es ist
freylich nicht zu läugnen, daß eine übermäßige
Anstrengung der Seelenkräfte eben so gut, wie
eine übermäßige Anwendung der Körperkräfte,
nicht blos ein gewisse Augenblicke dauerndes Er-
müden, sondern oft eine immerwährende Erschlaf-
fung in denselben zurücklasse, und ein Unvermögen, auf dieselbe Art würksam zu seyn, in derselben hervorbringe. Allein diese Erfahrung beweißt
nichts gegen unsere Hypothese über die Hauptbestimmung der Menschennatur. In der Entwik-

kelung

kelung und Erhöhung der Kräfte unserer Natur,
so grenzenlos dieselbe auch immer scheinen mag,
giebt es nemlich eben so gut ein Summum, über
welches wir nicht hinauskönnen, als wie in den
Kräften der materiellen Welt; und die Perfektibilität des Menschen, so unbestimmbar sie auch
immer für uns seyn mag, ist doch objektive bestimmt und begrenzt. Auch ist jenes Unvermögen, welches auf Uebertreibung in der Aeußerung
unserer Kräfte entsteht, eine nothwendige Folge
unserer Natur, und der Gesetze, denen dieselbe
unterworfen ist. Leib und Seele sind im Menschen so genau verbunden, daß jede Unordnung,
jede Zerrüttung im Körper, auch die Seele affi-
cirt, und Hinderniß in der Aeußerung ihrer Kräfte erzeugt. Wenn also die Organe des Körpers
durch Ueberspannung gelitten haben, wie kann
die Seele den unverminderten Gebrauch ihrer
Kräfte behalten? Zur Erhaltung des Menschen
war es ferner nothwendig ihm einen Abscheu gegen
jeden Schmerz und gegen jedes unangenehme Gefühl einzupflanzen, und dieser Abscheu mußte sich
also auch über jede übertriebene Anspannung der

Seelenkräfte, die nicht ohne unangenehme Gefühle seyn kann, erstrecken. Das Unvermögen,
das sich also nach der Uebertreibung gewisser
Kraftäußerungen einfindet, ist vielleicht nicht ein
absolutes Unvermögen, sondern nur ein Wider-
wille gegen gänzliche Zerrüttung unserer Natur,
oder eine Sorge für ihre Erhaltung. Endlich
ist es auch ein unveränderliches Naturgesetz für
die Entwickelung der Menschennatur, daß sie allmählig zunehme und erhöhet werde, nicht aber
von einem Extrem plötzlich zum entgegengesetzten
überspringe: Denn gleichwie unser Körper nicht
in einem Jahre alle nur mögliche Stärke erlangt,
sondern nur nach und nach reift und vollkommen
wird; eben so wenig können die Seelenkräfte auf
einmal in aller ihnen nur möglichen Energie sich
zeigen. Allmählig sollen sie an Intension und
Extension gewinnen, und wer also wider die Vorschriften und den Willen der Natur seine Kräfte
auf Gegenstände wendet, denen er noch nicht ge-
wachsen ist, oder dieselben auf eine Art äußert, zu
der sie noch nicht geschickt und vorbereitet genug
sind, der kann auch auf den Nutzen nicht Ansprüche

che machen, welchen die Natur mit einer regel‍mäßigen Anwendung der Seelenfähigkeiten ver‍knüpft hat. — Noch weit weniger scheint das frühzeitige Sterben so vieler Kinder mit demjeni‍gen vereinbar zu seyn, was bisher über die Haupt‍bestimmung des Menschen behauptet worden ist. Nach den unleugbarsten Erfahrungen stirbt von neugebohrnen Kindern, ehe sie noch das dritte Jahr erreicht haben, der vierte Theil. Von Kindern hingegen, die das dritte Jahr erreicht haben, sterben, ehe sie sieben Jahr alt werden, gewiß die Hälfte. Der bey weitem größte Theil des Menschengeschlechts erreicht also nie seine Be‍stimmung, wird durch die Erhöhung seiner Kräf‍te nicht für die Ewigkeit reifer; und die Vorse‍hung hat mithin, wie es scheint, dem Menschen ein Ziel gesetzt, an welches nur sehr wenige ge‍langen können; sie hat Absichten gewählt, ohne für die Mittel gehörig und weise zu sorgen, wo‍durch diese Absichten erreicht werden; und ohne auf Verdienst oder Schuld Rücksicht zu nehmen, hat sie diejenigen Mitglieder des Menschenge‍schlechts, welche völlig groß erwachsen und die rei‍

F 3 fern

fern Jahre des Menschenlebens erreichen, eines besondern Glücks gewürdiget, dessen nicht
alle unsere Mitbrüder, so das Licht des Tages erblicken, theilhaftig werden. Allein
wenn auch diese große und frühzeitige Sterb-
lichkeit der Menschen immer ein sehr schwe-
res Problem für den Weisen bleiben wird, so
ist sie doch nicht so beschaffen, daß sie mit den bisherigen Behauptungen über die Hauptbestimmung des Menschen völlig unvereinbar wäre.
Das zu frühe Absterben des größten Theils der
neugebohrnen Menschen ist nemlich sowol eine
nothwendige Folge der Schwäche des menschlichen Körpers überhaupt, als auch der Unordnun-
gen, wodurch die Menschen die Quelle des Lebens
und der Fortpflanzung oft sehr frühzeitig verpe-
sten. Hätte die Vorsehung dieses frühzeitige
Sterben der meisten Kinder verhindern wollen, so
hätte sie theils dem Menschen einen ganz andern
Körper, als den jetzigen, der gerade für unsere
gegenwärtige Welt paßt, geben müssen; theils
hätte sie durch beständige Wunder die natürlichen
Folgen der menschlichen Ausschweifungen aufhe-

ben

ben müſſen. Auch iſt bey den meiſten Kindern, welche den Schauplaß des gegenwärtigen Lebens wieder verlaſſen, ohne dasjenige alles ganz geworden zu ſeyn, was die Menſchennatur ihren Anlagen gemäß werden ſoll, die Hauptbeſtimmung des menſchlichen Daſeyns nicht ſo ganz verfehlt, wie es dem erſten Anblicke nach ſcheint. Eine geringe Anzahl Lebensjahre iſt ſchon im Stande dem jungen Menſchen gewiſſe Grade der Vervollkommnerung zu geben, und es ſcheine auch immer die Reihe der Erfahrungen, die das Kind ſammelt, noch ſo unbedeutend, es gebe für daſſelbe noch ſo wenige Gelegenheiten ſeine Kräfte zu äußern, ſo reicht doch dies Wenige ſchon dazu hin, das Kind über das Thier zu erheben, und es für einen andern höhern Zuſtand geſchickt zu machen. Wäre endlich unſer Blick in Anſehung des Zuſammenhangs der verſchiedenen Theile des Staates Gottes nicht zu ſehr eingeſchränkt; wäre die Zukunft jenſeits des Grabes nicht in ſo undurchbringliche Finſterniſſe gehüllt, ſo würden wir vielleicht beſondere Anſtalten wahrnehmen, durch welche die Vorſehung dasjenige bey den

F 4　　　　un-

unausgebildeten Kinderseelen wieder ersetzt, was sie ihnen im gegenwärtigen Leben nicht geben konnte. Eine bescheidene Philosophie wird wider die Voraussetzung solcher Anstalten im unermeßlichen Staate Gottes nichts einzuwenden wissen, und es wird also durch das frühe Absterben der Kinder jene Hypothese über die Hauptbestimmung des Menschen, auf welche zum wenigsten alle Beobachtungen über den erwachsenen Menschen zurückführen, nicht umgestoßen werden können. — Der letzte Einwurf endlich, welcher sich wider die formelle Erhöhung der Kräfte im Menschen, als der Hauptbestimmung seiner Natur, vorbringen ließe, dürfte wohl von der Abnahme dieser Kräfte im Alter hergenommen werden. Die Schwächen des Alters sind bekannt. Fast in eben der Ordnung, in welcher die verschiedenen Fähigkeiten des Menschen ausgebildet und vervollkommnert worden sind, nehmen sie auch wieder ab; und der Mensch, der in der Blüthe seines Lebens alles geworden zu seyn schien, was er nur immer werden konnte und sollte, sinkt mehrentheils ehe er noch den schaudervollen Schritt aus dieser Welt in die

an

andere thut, wieder zu der Schwäche und Niedrig-
keit seiner ehemaligen Kindheit herab, aus der er
sich mit so vieler Mühe erhoben hatte. Sollte
nun aber die absolute Erhöhung aller Seelenver-
mögen die höchste Reise der Menschennatur seyn,
so würde ja die Vorsehung den Sterblichen in dem
Augenblicke von diesem Erdboden abrufen, wo er
eben die Bestimmung seiner Natur in dem für ihn
höchstmöglichen Grade erreicht hat; so würde sie
ja nicht zugeben, daß durch die Abnahme der
Menschenkräfte im Alter das von ihr am meisten
begünstigte Geschöpf des Erdbodens in einen Zustand zurücksänke, der für das neue Leben nach
dem Tode unmöglich günstig und vortheilhaft seyn
kann. Aber so gegründet dieser Einwurf auch
immer scheinen mag, so ist er doch genau betrachtet nicht unwiderlegbar. Die scheinbare Schwäche und Abnahme der Kräfte im Alter ist nemlich
eine unmittelbare und nothwendige Folge der ganzen Einrichtung unserer Natur. Der Gebrauch
der Seelenkräfte ist von dem Mitgebrauche der
Organe des Körpers abhängig. Wenn also diese
Organe durch den anhaltenden Gebrauch abge-

F 5   nutzt

nußt werden, wenn fie mit ben Jahren die Fähigkeit leicht und fchnell angewendet werden zu
können, verlieren; fo kann die Seele bey aller
ihrer fonft erlangten Vervollkommnerung nicht
auf jene Art thätig feyn, die beym Gebrauch ge-
fchmeidiger Körper-Organe Statt finbet. Man
gebe alfo der Seele des Greifes einen verjüngten
Körper, und fie wird fich mit aller Jugendkraft
zeigen. Ja es hat ja zu allen Zeiten Männer
gegeben, welche noch im höchsten Alter eben fo
kräftig dachten und eben fo lebhaft wollten, als in
den Jahren des männlichen Alters. Mit welchem Feuer und mit welcher Lebhaftigkeit erzählt
nicht der Greis die Gefchichte feiner Jugend?
Mit welchem Antheile erinnert er fich nicht an
die Freuden der Vorwelt? Seine ganze Seele
verbreitet fich mit der größten Energie über die
ehemaligen Vorstellungen, da es ihr wegen der
Steifigkeit des Körpers an Gelegenheit fehlt,
diefelben Kräfte auf neue Gegenstände anzuwen-
ben. Die Schwäche und Abnahme der Kräfte
im Alter ift alfo nur fcheinbar, fie beftehet nicht
in einem würklichen Rückgange der Menfchen-
natur,

natur, sondern macht eine verminderte Fertigkeit
aus, die Kräfte der Seele nach ihrer ganzen
Vollkommenheit zu äußern. Und wie wohlthätig ist nicht diese Anstalt in der Menschennatur!
Die Seele des Greisen soll durch den zunehmen-
den Mangel neuer und lebhafter Vorstellungen
sich in sich selbst zurückziehen: sie soll das Materielle ihres Wissens nach und nach vergessen lernen und von der Anhänglichkeit an das Irrdische
sich los machen, um den letzten Schritt zum Grabe mit weniger Entsetzen thun zu können. Der
Mensch reist also durch das absolute Wachsthum seiner Kräfte für die Ewigkeit; und sogar die Schwächen und Unthätigkeiten des Alters müssen diese Reise einigermassen befördern
helfen.

Und so hätten wir denn, meine Herren, das
wichtige Problem, warum der Mensch in der gegenwärtigen Welt eigentlich da ist, aufgelößt.
Es wird also nunmehr darauf ankommen, daß
wir zeigen, in wie fern das Studium der Philosophie, oder der Wissenschaft übersinnlicher Vernunftwahrheiten, die Hauptbestimmung des Men-

schen

schen in diesem Leben befördere; in wie fern es
das absolute Wachsthum der Kräfte unserer Natur unterstütze; und in wie fern es den Menschen
zu demjenigen Wesen bilde, das er nach der Anlage seiner ganzen Natur seyn soll. Ein weites
Feld von Untersuchungen eröfnet sich hierbey unsern forschenden Blicken. Aber ich werde nur
bey einigen dieser Untersuchungen stehen bleiben.
Ich werde nur zeigen in wiefern die Erkenntnißkräfte des Menschen durch das Studium
der Philosophie erweckt und innerlich erhöhet werden; und also die Fragen nicht berühren, wie die
verschiedenen Kräfte der menschlichen Seele zu-
sammenhängen; wie durch die Bildung und Erhöhung des Verstandes die Willenskraft gebildet
und erhöhet werde; wie endlich das Studium der
Weltweisheit mittelbar oder unmittelbar auf den
Willen Einfluß habe, denselben stärke und ver-
vollkommne. Auch will ich jetzt keine Vergleichung zwischen dem Studio der Philosophie
und zwischen allen übrigen Anwendungen unserer
Kräfte in Rücksicht ihres Einflusses auf die Hauptbestimmung der Menschennatur anstellen. Ich
räume

räume es sehr gerne ein, daß es Zustände und Beschäftigungen in diesem Leben giebt, welche in einer
eben so nahen, ja gewiß noch in einer weit nähern
Beziehung auf den Hauptzweck unsers jetzigen
Daseyns stehen, als wie das Studium der Weltweisheit. Auf tausend verschiedenen Wegen
führt die Gottheit den Menschen zu seinem Ziele;
durch unzählige Anstalten giebt sie ihm Gelegenheit das zu werden, was er nach ihrer Absicht
werden sollte; und die Philosophie ist nur einer
von diesen Wegen, nur eine von diesen Anstalten. Aber die Anwendung unserer Kräfte, die
beym Studio der Philosophie vorkömmt, ist in
Rücksicht des Beytrags zur absoluten Vermehrung und Erhöhung des Edelsten in der Menschennatur auch wieder sehr vielen andern Kraftäußerungen, die sonst noch bey dem Menschen Statt
finden, weit vorzuziehn. Der Fleiß, der ihr gewidmet wird, erhöht und stärkt die Erkenntnißkräfte des Menschen weit mehr, als der Fleiß,
den wir auf irgend eine andere wissenschaftliche
Kenntniß verwenden; ich nehme hierbey nur allein
den Fall aus, daß Jemand durch den Ruf der

Na-

Natur und durch besondere Anlagen für irgend
einen andern Theil des menschlichen Wissens, nur
nicht für die Philosophie vorzüglich bestimmt wäre. Das Studium der Philosophie erweckt nemlich die Anwendung unserer Erkenntnißkräfte in
einem ganz vorzüglichen Grade. Ferner verschaft
es denselben die stärksten Uebungen und unterhält
die Anstrengungen derselben mehr als jede andere
Wissenschaft: Endlich erweitert auch das Studium der Philosophie die Erkenntnißkräfte der
menschlichen Seele weit mehr absolute, als das
Studium der übrigen Wissenschaften, und macht
sie dadurch für einen andern Zustand nach dem
Tode am geschicktesten. Daß dies aber nicht ein
leerer Lobspruch auf das Studium der Weltweisheit sey, soll nun genauer gezeigt werden.

Das Studium der Philosophie erweckt zuerst
die Anwendung und den Gebrauch der Erkenntnißkräfte in einem ganz vorzüglichen Grade und
weit mehr, als das Studium irgend einer andern
Wissenschaft. Wenn nemlich die im Menschen
befindlichen Anlagen und Fähigkeiten ausgebildet
und erhöhet werden sollen, so muß er sich unter

Um-

Umständen befinden, wo gewiſſe Gegenſtände ihn
zur Anwendung ſeiner Fähigkeiten reizen und an-
treiben. Je geringer die Anzahl dieſer Gegenſtände iſt, oder je ſchwächer ihr Eindruck auf die
Seele iſt; deſto unbedeutender muß auch das
Zunehmen und Wachsthum der menſchlichen
Kräfte ſeyn. Je mannichfaltiger hingegen die
Dinge ſind, welche den Menſchen zur Anwendung ſeiner Kräfte locken, und je tiefer der Eindruck iſt, den ſie auf den menſchlichen Geiſt machen, deſto reger zeiget ſich auch die Menſchennatur: deſto leichter wird ihr alle Kraftäußerung;
und deſto mehr ſtrebt die ganze Summe ihrer
Anlagen zur Würkſamkeit. Es enthält aber
keine Wiſſenſchaft ſo mächtige Reitze für die Erkenntnißkräfte der menſchlichen Seele, als wie die
Philoſophie; es iſt keine, deren Unterſuchungen
ein ſo hohes und ſo beſtändiges Intereſſe für den
Menſchen hätten, als wie die Unterſuchungen der
Weltweisheit. Ich berufe mich hierbey zuvör-
derſt auf die Ausſprüche der Geſchichte der Menſchheit. Jedes Volk, ſobald es aus dem Zuſtande
der Barbarey und der gänzlichen Verwilderung

heraus

heraus trat, sobald es nicht mehr nöthig hatte die
ganze Summe seiner Kräfte für die Herbeyschaf-
fung der nothwendigsten Bedürfniſſe zur Fortſez-
zung des Lebens aufzuopfern, fing an seine Aufmerkſamkeit auf diejenigen Gegenſtände und Fragen anzuwenden, welche noch jetzt den Hauptin-
halt der Weltweisheit ausmachen; und wenn es
auch noch nicht im Stande war, dieſe Fragen
wiſſenſchaftlich oder nach Gründen zu beantworten, so verfiel es auf Dichtungen, die daſſelbe so
lange befriedigten und unterhielten, bis es bey
mehrerer Muße zum Nachdenken dieſe Dichtungen zu prüfen vermochte. Ja was sollte wohl
den Menschen, sobald er auf sich selbst und auf
die Dinge, die außer ihm da sind, aufmerkſam
geworden ist; sobald er die Einrichtung und Verbindung des Weltganzen zu beobachten angefan-
gen hat; mehr reizen, als jene Fragen, die man
faſt in allen philosophischen Schulen aufgeworfen
und zu beantworten gesucht hat? Ob ein Gott
sey? Ob der Menſch aus Leib und Seele be-
ſtehe, oder blos Körper sey? Ob er frey und
willkührlich handle, oder durch zureichende Gründe

in allen seinen Handlungen bestimmt werde? Ob
der Mensch Wahrheit finden könne und worin sie
bestehe? Ob es wirklich eine materielle Welt
gebe, oder ob sie nur in unserer Vorstellung exi-
stire? Wozu der Mensch eigentlich da sey? Was
und wie viel ein Individuum des menschlichen
Geschlechts von dem andern mit Recht fordern könne? Diese und dergleichen Fragen interessiren
die ganze Menschheit, und wenn ihre völlige Beantwortung auch nicht allezeit zur glücklichen Fortsetzung des Lebens gänzlich unentbehrlich ist, so
spannen sie doch die Wißbegierde, und gehen den
Menschen, so lange er Mensch bleibt, zu nahe
an, als daß er gleichgültig gegen dieselben bleiben
könnte. Eben wegen des großen Interesse, das
die Weltweisheit und ihre Untersuchungen für jeden nicht ganz rohen und blödsinnigen Menschen
haben, glaubt sich auch jeder berechtigt, Aussprüche über die Behauptungen der Philosophie zu
thun. Jeder Mensch macht sich so zu sagen sein
eigenes philosophisches System, und auch der
Unwissendste versucht nach seinen Kräften und
Einsichten, die Fragen aufzulösen, welche ins

Gebiet der Philosophie gehören. Ganz anders verhält es sich mit den übrigen Wissenschaften. Ob gleiche Triangel sich decken? Ob Alexander, Cicero und Cäsar würklich gelebt haben? Ob das Fieber durch Chinarinde kuriret werden könne? Ob Zoophyten existiren? diese und derglei- chen Fragen überläßt man dem Kenner zur Ent- scheidung: Ob aber ein Philosoph in seinen Fra- gen recht habe, hierüber glaubt jedes Weib mit eben dem Rechte, wie ein Sokrates, selbst ent- scheiden zu können. Endlich haben auch die mit den Aussprüchen des gemeinen Menschenverstan- des oft so sehr streitenden Behauptungen der Phi- losophen vieles dazu beygetragen, die Weltweis- heit für jeden nicht ganz verwahrloßten Menschen interessant zu machen. Braucht es wohl bewie- sen zu werden, wie oft man in den Schulen der Weltweisen den allgemeinen Aussprüchen des Menschengeschlechts Hohn gesprochen hat? Braucht es wohl dargethan zu werden, wie sehr manches philosophische System mit den deutlichsten Gefühlen der Menschennatur streite? Kann wohl irgend eine Wissenschaft so viele Paradoxien auf-

weisen

weisen als die Weltweisheit? Ich möchte dies
freylich eben nicht zum Ruhme für diese Wissenschaft angeführt haben. Allein so viel ist doch gewiß, daß jene kühnen und ungereimt scheinenden
Behauptungen der Philosophen den menschlichen
Verstand zu nähern Untersuchungen auffordern;
daß sie die Aufmerksamkeit rege machen, und einen
Eifer im Menschen erzeugen, sich durch alle Laby-
rinthe der philosophischen Spekulationen durchzu-
arbeiten. Das Studium der Philosophie ist also
der mächtigste Sporn zur Anwendung unserer Erkenntnißkräfte.

Doch das Studium der Philosophie erweckt
nicht allein ganz vorzüglich die Erkenntnißkräfte
der Seele, sondern es erfordert auch mehr an-
haltende Uebung und Anstrengung derselben als
jede andere Wissenschaft; und der menschliche
Geist wird gewiß nie so weit kommen, daß ihm
in der Philosophie nichts mehr zu erforschen, zu
prüfen und zu berichtigen übrig bliebe. Zuvörderst sind nemlich die Untersuchungen der Philosophie ihrer Anzahl nach fast unübersehbar, und
keine einzige Wissenschaft umfaßt so viele und so

ver-

verschiedene Gegenstände, als wie diese. Sie hat
freylich ihr angewiesenes Gebiet. Aber wer hat
die Grenzen dieses Gebiets so festgesetzt, daß in
dieselben nichts weiter aufgenommen werden könnte? Oder wer will die verschiedenen Punkte dieses
Gebiets alle genau aufzählen? Unser Wissen
bleibt freylich immer ein menschliches Wissen, und
im Grunde ist unser Geist eben so gut auf diese
Erde eingeschränkt, als wie unser Körper. Aber
man wird doch nie dem menschlichen Geiste, ohne
ihm Gewalt anzuthun, vorschreiben können, wor-
über er spekuliren, und wie weit er sich in seinen
Spekulationen ausbreiten soll. Ja wenn man
auch die Grenzen der Philosophie noch so sehr ver-
engen wollte, so würde ihr doch ein Gegenstand
übrig gelassen werden müssen, der die größte Mannichfaltigkeit enthält; und dieser Gegenstand ist
der Mensch selbst, das wundervollste und
unbegreiflichste Geheimniß der irrdischen Schöpfung, das wir gewiß nie nach allen seinen Seiten werden kennen lernen. Auch hängen die mannichfaltigen und fast unzählbaren Untersuchungen
der Philosophie so genau mit einander zusammen,

eine

eine jede bezieht sich auf so viele andere, daß unser Geist genöthigt ist auf alles, was zur Philosophie gehört, sich einzulassen, sobald er nur einen einzigen Gegenstand derselben genau erforschen will. Man hat in der Philosophie mehrere Theile unterschieden; aber gewiß nicht deßwegen, weil die Untersuchungen, die zu einem Theil gehören, von allen übrigen Theilen gänzlich getrennt werden könnten; sondern nur um die Uebersicht des Ganzen zu erleichtern, und die Grenzen einer jeden philosophischen Spekulation lassen sich eben so wenig genau bestimmen, als wie die Grenzen der verschiedenen Naturreiche genau fixirt werden können. Die Philosophie enthält also den reichhaltigsten Stof für die Uebung und Anstrengung unserer Erkenntnißkräfte, und das menschliche Leben reicht kaum darzu hin, daß wir uns mit dem mannichfaltigen Innhalte und Zusammenhange derselben gehörig bekannt machen. — Das Studium der Philosophie erfordert ferner, wegen der Verschiedenheit ihrer Untersuchungen, eine sehr mannichfaltige und verschiedenartige Anwendung der Erkenntnißkräfte, und sie beschäftiget den

Ver=

Verstand nie auf eine und dieselbe Art. Wenn
es auch außer der Philosophie noch andere Wissenschaften geben sollte, welche in Ansehung der
Größe ihres Umfangs ihr gewissermaßen gleich
kämen, so wird doch keine alle Thätigkeiten des
Verstandes in einem gleich hohen Grade beschäftigen als wie die Weltweisheit; und sogar die
Mathematik, welche ganz vorzüglich den Verstand anstrengt und stärkt, erfordert eine gewisse
Einförmigkeit in der Anwendung desselben, welche
bey der Philosophie nicht Statt hat. Jene re-
flektirt immer über Quanta. Diese aber zerlegt
nicht allein die Empfindungen und Begriffe in
ihre feinste Bestandtheile; sondern sie setzt auch
aus diesen Bestandtheilen wieder ein Ganzes zusammen. Diese durchforscht nicht allein allgemeine Grundsätze nach allen ihren Folgen und
Verbindungen; sondern sie steigt auch von dem
Veränderlichen und Einzeln zum Allgemeinen
und Beständigen empor. Diese vergleicht nicht
nur Begriffe von einer gewissen Gattung mit
einander; sondern sie hält das Mögliche und
Würkliche, das idealiter und realiter Existirende,
das

das Abstrakte und das Concrete gegen einander.
Die Philosophie erfordert also ganz verschiedene
Aeußerungen des Erkenntnißvermögens, wenn
andere Wissenschaften dasselbe nur immer auf eine
gewisse einförmige Art in Thätigkeit versetzen;
und wenn diese nur eine Fertigkeit gewisse Arten
der Vorstellungen und Begriffe zu fassen erzeugen, so erzeugt jene eine Leichtigkeit Vorstellungen
aller Art hervorzubringen und zu erkennen. —
Vorzüglich muß es aber hierbey noch bemerkt werden, daß die Untersuchungen der Philosophie desto
verwickelter und schwieriger werden und also desto
mehr Anstrengung von Seiten unsers Geistes er-
fordern, je genauer wir sie kennen lernen wollen,
oder je mehr und vollständiger wir sie zu erörtern
bemüht sind; und man kann mit Wahrheit behaupten, so auffallend diese Behauptung auch
immer scheinen mag, daß der Fleiß, der aufs
Studium der Philosophie verwendet wird, das
geglaubte Ziel dieses Studiums, nemlich Licht
und Gewißheit, eben so weiter hinausrücke und
von uns entferne, als wie der Fleiß in den andern Wissenschaften uns der vollkommenen und

ge-

genauen Erkenntniß derſelben näher bringt. Ich
berufe mich hierbey auf die Erfahrungen der wahren Weiſen aller Jahrhunderte: Ich berufe mich
hierbey, Meine Herren, auf Erfahrungen, die auch
Ihnen nicht ganz unbekannt ſeyn können: Je mehr
man über irgend einen Gegenſtand der philoſophiſchen Spekulation nachdenkt; je mehr man ihn von
allen Seiten betrachtet; und je mehr man ihn aufzuklären und ſich denſelben deutlich zu machen bemüht
iſt, deſto verwickelter und unerklärbarer ſcheint er zu
werden, und das Licht, das uns anfänglich manche
Gegenden des menſchlichen Wiſſens in der Philoſophie zu erleuchten ſchien, verſchwindet, wenn wir
dieſen Gegenden näher kommen, ſo ſehr, daß
auch nicht einmal ein ſchwacher Strahl der Däm-
merung übrig geblieben zu ſeyn ſcheint. Ja
was iſt das letzte Reſultat ſo vieler philoſophiſchen Streitigkeiten, die mit dem größten Eifer
und mit der größten Anſtrengung der Seelenkräfte geführt worden ſind, anders geweſen, als
ein einſtimmiges Bekenntniß, daß dieſer oder jener Gegenſtand eigentlich ganz außer dem Gebie-
te des menſchlichen Wiſſens liege? Was haben

ben z. B. die so oft, und so lange angestellten Untersuchungen über die Verbindung des Leibes und
der Seele, über die objektive Beschaffenheit der
materiellen Welt, über das Ding an sich, am
Ende anders gelehrt, als daß sie nie völlig werden aufs reine gebracht und beendiget werden?
Was haben endlich die vielen philosophischen Systeme, im Ganzen genommen, mehr geleistet, als
daß sie eine Menge von Schwierigkeiten in gewissen Untersuchungen, die man vorher nicht gekannt
und nicht geahndet hatte, aufdeckten und bekann-
ter machten? Aber, werden Sie mir hierbey ein-
wenden, haben nicht so viele Weisen das Wahre
und Gewisse in der menschlichen Erkenntniß von
dem Irrigen und Ungewissen genau getrennt und
gesondert? Sind nicht Systeme genug vorhanden, in welchen die Spur der Natur aufgesucht,
und alle Erscheinungen in der gegenwärtigen Welt
erklärt worden sind? Wie kann man also wohl
behaupten, daß der größte Theil der Untersuchungen in der Philosophie nie gänzlich aufs Reine
werde gebracht werden, und daß vielleicht die
Schwierigkeiten bey der Auflösung philosophischer

Un-

Unterſuchungen in eben dem Grabe zunehmen
werde, in welchen man auf dieſelbe mehr Fleiß
verwendet. Es wäre allerdings ein ſicheres Zei-
chen der thörichſten Eigenliebe und Selbſtſucht,
wenn man geradezu den philoſophiſchen Syſtemen
allen Werth abſprechen und ſie für bloße Luftge-
bäude erklären wollte, die eine Zeitlang glänzen,
um alsdenn gänzlich in ihr voriges Nichts zurück-
zugehn. Es wäre gewiß der unbeſonnenſte Aus-
ſpruch, wenn man allen den Auslegungen, welche
die ältern und neuern Weiſen über die Natur der
ſichtbaren und unſichtbaren Dinge gegeben haben,
gleiche Feſtigkeit, Gründlichkeit und Nützlichkeit
zuſchreiben wollte. Es iſt vielmehr die erhabenſte Beſchäftigung eines endlichen Geiſtes, wenn
er die ſo mannichfaltigen, ſo verſchiedenen und
einander oft ſo ſehr widerſprechenden Erſcheinun-
gen in der ſichtbaren Schöpfung unter einen Ge-
ſichtspunkt zu vereinigen und nach gewiſſen allgemeinen Regeln aufzulöſen und zu erklären bemüht
iſt: Ja ich kenne kein reineres und edlers Vergnügen, als jenen großen Köpfen, welche bey
ihrem Nachdenken über alles, was da iſt, und

was

was mit der Menschennatur in Verbindung steht,
neue Gesichtspunkte ausfindig machten, nachzu«
folgen, und die ganze Welt aus diesen verschiede«
nen Gesichtspunkten zu betrachten. Jedes phi«
losophische System ist nemlich eigentlich eine b e«
sondere Art der Weltbetrachtung; je«
des lehrt uns das Universum von einer neuen
und eignen Seite kennen; jedes löst gewisse
Schwierigkeiten auf, welche unserm Geiste beym
Nachdenken über die Natur und den Zusammen«
hang alles Jrrdischen aufstoßen. Einige dieser
Gesichtspunkte und dieser philosophischen Aussich«
ten sind so erhaben, daß man es dem menschlichen
Geiste wohl verzeihen muß, wenn er sie nicht wie«
der zu verlassen willens ist. Einige derselben
scheinen den verschiedenen Theilen des Universums
eine so bewundernswürdige Harmonie und eine so
genaue Uebereinstimmung zu geben, daß man es
wohl begreiflich finden muß, warum der Mensch
durch diese Harmonie und Uebereinstimmung be«
zaubert, die kleinen Dissonanzen nicht bemerkt,
welche auch die Aufmerksamkeit und der Fleiß des
größten Componisten nicht wegschaffen konnte.
Aber

Aber eine ganz andere Frage ist es, ob irgend ein
philosophisches System erfunden worden ist, oder
noch erfunden werden wird, das der Ungewißheit
und des Zweifelns in der Philosophie gänzlich ein
Ende machte, und ob je ein philosophisches System allen Forderungen der menschlichen Wißbegierde völlige Genüge gethan hat, oder jemals
thun wird? Wir dürfen hierüber freylich nicht
die Schöpfer besonderer Systeme einzeln befragen,
denn ihr Ausspruch kann nicht anders als parteyisch seyn. Aber die ganze Geschichte der Philosophie wird über diese Frage eine Aufklärung geben, die wir in den besondern Schulen der Weltweisheit vergebens suchen. Sobald nemlich der
menschliche Geist anfieng, über die verschiedenen
Dinge, die zum sichtbaren Universum gehören,
nachzudenken, sogleich fieng er auch an, Systeme zu erbauen. Jedoch keines dieser Systeme
war so fest und so unerschütterlich gegründet, daß
es nicht entweder in dem nemlichen Jahrhundert,
da es fertig wurde, oder doch in dem gleich darauf folgenden wieder wäre eingerissen worden.
Mit muthwilliger Hand zertrümmerte die jüngere
Nach-

Nachwelt dasjenige, was die Vorwelt für die
Ewigkeit, wie sie glaubte, aufgeführt hätte, und
benützte von diesen Trümmern dasjenige, was
sie für den vorzunehmenden neuen Bau brauchbar
hielt. Dieses Aufbauen und Wiedereinreißen er-
streckt sich vom Thales an bis auf das letzte Decen-
nium dieses Jahrhunderts; und jemehr der philosophische Forschungsgeist unter einem Volke zu-
nahm und ausgebreiteter wurde, desto stärker
ward auch der Hang zum Einreißen alter, und
zur Aufführung neuer philosophischer Gebäude.
Wäre der Hang zum Aufbauen nicht so tief in der
menschlichen Natur gegründet, so hätte diese unleugbare Thatsache längstens schon von allem neuem Aufbauen abschrecken müssen; denn es kann
gewiß keine Hofnung eitler und verwegner seyn,
als die Hofnung, dasjenige endlich gefunden zu
haben, was so viele Weise so viele Jahrhunderte hindurch ganz vergeblich suchten; es gehört gewiß der höchste Grad von Selbstzufriedenheit darzu, sich einzubilden, man habe endlich ein System entdeckt, das allen Stürmen der Zukunft,
allen Angriffen der noch nicht gebohrnen Welt
Trotz

Trotz bieten werde; denn kein einziges der gefundenen und aufgestellten Systeme hat bis jetzt diese Stürme und Angriffe ausgehalten. Ich befürchte nicht, durch diese Bemerkungen die philosophischen Systeme verächtlich zu machen. Trägt nicht auch jeder menschliche Körper schon den Saamen der Zerstörung gleich von dem Augenblick der Erzeugung an in sich? Ist nicht dieser Saamen bald früher bald später würksam? Werden nicht aus den aufgelösten Elementen des Körpers auch wieder neue Körper zusammengesetzt? Aber ist deswegen der menschliche Körper ein verächtliches Stück der irdischen Schöpfung? Verdient er deswegen unsere Bewunderung weniger, als jene uralte und unzerstörbare Granitfelsen, an welchen das Auge des Menschen noch nie eine Veränderung hat bemerken können? Und befördert er nicht bey aller seiner Hinfälligkeit und Vergänglichkeit die erhabensten und edelsten Zwekke? Eben so trägt auch jedes philosophische System den Keim der künftigen Zerstörung von Anfang an bey sich; eben so zeigt sich dieser Keim bald früher bald später würksam; eben so werden immer

immer aus den Trümmern alter Syſteme wieder
neue aufgeführt; und dennoch iſt dieſes wieder-
holte Syſtembauen weit nützlicher für den menſchlichen Geiſt, als wenn er in ſeinem Denken immer den nemlichen Gang gienge, oder das Wahre immer nur von einer einzigen Seite betrachte-
te; dennoch befördern die beſtändigen Abwechſe-
lungen und Veränderungen, die in den Syſtemen
der Philoſophen vorgehen, die erhabenſte und
edelſte Beſtimmung der menſchlichen Natur.
Aber wenn auch die Geſchichte der Philoſophie
aller Jahrhunderte nicht ſo deutlich und ſo laut
die Hinfälligkeit und Vergänglichkeit aller philoſophiſchen Syſteme verkündigen ſollte, wie bisher
behauptet worden iſt; ſo würde doch der Geiſt der
philoſophiſchen Syſteme ſelbſt, und die Urſachen,
aus denen ſie entſtehen, hinlänglich beweiſen, es
ſey ein ganz vergebliches Bemühen, ein philoſo-
phiſches Syſtem ausfindig machen zu wollen, das
ſchlechterdings keiner Veränderung, Umſchmel-
zung und Verbeſſerung mehr fähig wäre. Der
menſchliche Geiſt ſtößt nemlich bey der Beobachtung des Würklichen theils auf Ungewißheiten
und

und Dunkelheiten, theils auf offenbare Widersprüche, welche insgesammt in der Einschränkung
seiner Natur und seiner Erkenntnißkräfte ihren
Grund haben. Diese Dunkelheiten und Widersprüche in der menschlichen Erkenntniß sind für
alle Menschen weder gleich einleuchtend noch auch
gleich interessant; und ohngeachtet zwar in allen
Menschen ein stets reges Bestreben, das Dunkle
in seiner Erkenntniß aufzuklären, und das Widersprechende in derselben in Uebereinstimmung zu
bringen, vorhanden ist; so erhält doch dieses Bestreben durch die besondere Lage eines jeden Menschen, und durch die ihm eigenthümliche Ausbildung seiner Erkenntnißkräfte, sehr mannichfaltige
Richtungen. Wenn also der Systematiker sich
anheischig macht, allen philosophischen Spekulationen eine unveränderlich dauernde Bestimmung
zu geben; so muß er sich zugleich auch anheischig
machen, allen menschlichen Geistern so wohl die
nehmlichen Einsichten, als auch den im menschlichen Wissen vorkommenden Schwierigkeiten das
nemliche Interesse für die menschliche Wißbegierde zu ertheilen. Dieses wird aber wohl, so
lange

lange der Mensch Mensch ist, unmöglich bleiben.
Eben deswegen fand auch jeder denkende Kopf
an den Systemen seiner Vorgänger so viel zu
verbessern und zu verändern. Eben deswegen
suchte jeder Systematiker gewisse besondere Schwie=
rigkeiten in der menschlichen Erkenntniß, auf die
er oft erst durch das System seines unmittelbaren
Vorgängers aufmerksam gemacht worden war,
aufzulösen, und von denen er meynte, daß sie
noch gar nicht oder doch nicht hinreichend aufge=
lößt worden wären, ohne eben allezeit darum sich
zu bekümmern, ob nicht durch diese Auflösung
wieder andere Schwierigkeiten erzeugt würden.
Befürchtete ich nicht, zu weitläuftig zu werden,
so würde ich jetzt aus der Philosophie des Thales,
Xenophanes, Anaxagoras, Plato, Aristoteles,
Zeno, Cartesius, Leibniß, Crusius und auch
aus dem Kantischen Systeme, (dessen Verfas=
ser Bayle, wenn er jetzt noch leben sollte, eben so
im Namen der ganzen literarischen Welt wegen
der Kritik der reinen Vernunft gratulirt haben
würde, wie er dem Leibniß wegen der Erfindung
der prästabilirten Harmonie gratulirte,) beweisen,

H　　　　daß

daß jederzeit die Einsicht entweder ganz neuer oder
doch nicht genug geachteter Schwierigkeiten und
Dunkelheiten in der menschlichen Erkenntniß die
Veranlassung zur Erfindung neuer philosophischer
Systeme gewesen ist. So lange also der menschliche Geist nicht einerley Geistesbedürfnisse hat,
so lange er an einer und derselben philosophischen
Streitigkeit nicht einerley Interesse nimmt, und
so lange er endlich noch dunkle Gegenden in dem
menschlichen Wissen entdecken wird, eben so lange wird er auch nie aufhören, ältere philosophische Systeme einzureißen, um an deren Statt neue
zu erbauen. Und wenn endlich auch noch so ein voll-
kommnes philosophisches System erfunden werden
sollte, wird es sich wohl gegen die Anfälle des Skepticismus retten können? Ich weiß es, daß sowohl ältere als neuere Systematiker auch diesen
besiegt zu haben glaubten. Aber wahrhaftig,
man würde sich mit dieser erbärmlichen Grille und
Einbildung nicht abgegeben haben, wenn man
den ächten Geist des Skepticismus gekannt hätte.
Wie will man im Streite über Wahrheit und
Irrthum mit einem Menschen auskommen, der

schlech=

schlechterdings nichts weder als wahr noch als
falsch bestimmt, und der nur immer darauf aus-
geht, dasjenige zu bestreiten, was andere für gewiß ausgeben. Und so verschrieen auch immer
der Skepticismus, weil man ihn nicht kennt,
seyn mag, so gefährlich er auch immer für die
menschliche Ruhe zu seyn scheint, welches er im
Grunde nicht ist; so hat er doch zu allen Zeiten
die größten Revolutionen in dem menschlichen
Denken hervorgebracht, und die größten Köpfe
jedes Jahrhunderts, in dem er die alten Festun-
gen angriff und bestürmte, genöthiget, auf die
Erfindung neuer Waffen für die Vertheidigung
gewisser in der menschlichen Erkenntniß sehr wich-
tigen Sätze zu denken. Bayle und Leibniß,
Hume und Kant sind hiervon zu deutliche Beweise, als daß ich mehr aus der Geschichte der
Weltweisheit anzuführen brauchte. Wenn also
auch in mehreren Jahrhunderten nur ein einziger
ächter Skeptiker aufträte, so würden doch zum
wenigsten allezeit, wenn er der ganzen menschlichen Ueberzeugung einen neuen Krieg ankündigte,
Veränderungen und Umschmelzungen mit den

phi-

philosophischen Systemen vorgenommen werden
müssen. Doch ich glaube, dasjenige hinlänglich
bewiesen zu haben, was ich jetzt erweisen wollte.
In der Philosophie kann und wird nie ein non
plus ultra vorhanden seyn, welches den menschlichen Verstand zum Ziele alles Forschens und
Untersuchens brächte. Wer ihr sich widmet, der
widmet seine Erkenntnißkräfte einer immerwährenden Anstrengung und Uebung: Wer um den
Namen eines Weltweisen buhlt, der bestimmt
sich zu einer rastlosen Thätigkeit: Und da es also
in der Philosophie nie an Gegenständen fehlen
kann und fehlen wird, die unsern Geist in Thätigkeit erhalten, so kann nur allein der Tod diesen.
Thätigkeiten ein Ende machen.

Endlich erweitert und verstärkt auch das Studium der Philosophie unsere Erkenntnißkräfte
weit mehr absolute, als das Studium einer jeden
andern Wissenschaft, und macht uns dadurch für
einen andern Zustand nach dem Tode, in welchem
nicht das Materielle, sondern nur das Formelle
unsers Wissens übrig bleibt, geschickter. Es erfordert nemlich selbstthätige Anwendung der Er-
kennt-

kenntnißkräfte in einem ganz vorzüglichen Grade,
und eben deswegen haben wir über einen desto
höhern Grad von Kraft zu gebieten, je mehr wir
auf dasselbe Fleiß verwenden. Aus dem vielen,
was zum Beweiß dieses Satzes angeführt werden könnte, soll jetzt nur ein einziger Punkt aus-
gehoben werden; und ohngeachtet die Philosophie
auf mehr als eine Art die Erkenntnißkräfte absolute erhöhet; so wird es doch gut seyn, hier diejenige Art vorzüglich ins Licht zu setzen, die sie mit
keiner andern Wissenschaft weiter gemein hat.
Diejenige Art des Studirens ist die nachtheilig-
ste für die absolute Erhöhung unserer Erkenntnißkräfte, wo wir uns nur mit den Resultaten des
Nachforschens anderer denkenden Köpfe historisch
bekannt machen, ohne die Gründe dieses Resul-
tats aufzusuchen und durchzudenken. Das Gedächtniß kann nemlich mit einem ungemeinen
Vorrathe von Sachen angefüllt worden seyn, ohne daß dadurch die übrigen Erkenntnißkräfte in-
tensiv und extensiv stärker geworden wären.
Beym Studio der Philosophie findet dieses bloße
Anfüllen des Gedächtnisses mit einer gewissen An-

zahl

zahl von Vorstellungen am allerwenigsten statt.
Es sind nemlich nicht allein die verschiedenen philosophischen Systeme einander im höchsten Grade
widersprechend, sondern auch diejenigen Systeme, die sonst mit einander sehr vieles gemein haben, weichen, und zwar gemeiniglich in den wichtigsten Sätzen, oft so sehr von einander ab, daß
nach dem einen gerade dasjenige allein wahr ist,
was nach dem andern auch nicht einmal als möglich gedacht werden kann, und daß nach dem einen eben dasjenige die heiligste Wahrheit ausmacht, was nach dem andern purer Unsinn ist.
Diese Widersprüche aber sind zu allen Zeiten von
ihren Urhebern und Vertheidigern mit einem so
großen Aufwande von Scharfsinn und Gründen
unterstützt worden; die meisten Philosophen haben ihre paradoxen Meynungen auf eine so glän-
zende und überzeugende Art zu rechtfertigen und
zu beweisen gesucht, daß gewiß ein sehr großer
Grad von Aufmerksamkeit und ein schon sehr ge-
übter Verstand darzu erforderlich ist, um durch
den glänzenden Schein der Gründe so offenba-
rer Widersprüche nicht gänzlich geblendet und in
die

die unauflösbarsten Zweifel gestürzt zu werden. Wegen des ungemein großen Interesse, das die meisten philosophischen Spekulationen für den menschlichen Geist haben, kann der Schüler der Weltweisheit die Widersprüche in denselben nicht gleichgültig von sich weisen: noch weniger ist es wegen jenes unveränderlichen Gesetzes der menschlichen Seele, nach welchem offenbare und einleuchtende Widersprüche schlechterdings nicht in der Erkenntniß des Menschen Statt finden können, möglich, daß jene Widersprüche mit gleichem Grade des Beyfalls und der Billigung im Gedächtniß sollten können aufbewahrt werden. Der menschliche Geist wird also, sobald er jene Widersprüche in den philosophischen Behauptungen kennen gelernt hat, durch einen unwiderstehlichen innern Drang aufgefordert die mannichfaltigen Gründe jener Widersprüche durchzudenken und zu prüfen. Es liegt in dem Innersten unserer Menschennatur, daß wir uns durch jene Widersprüche durcharbeiten, daß wir ihre Beweise gegen einander halten und abwägen; es bringen es die wesentlichsten Bedürfnisse unsers Geistes mit

sich,

sich, daß wir die in die Beweise eingeschlichenen
Fehler auffuchen; daß wir, wenn die Gegner derjenigen Behauptungen, für die wir Partei er-
griffen haben, zu mächtig werden, sowohl auf
genauere Vertheidigung unserer eigenen als auch
auf neue Angriffe wider die entgegengesetzten Meynungen denken. Und was sollte die ganze Summe der Erkenntnißkräfte mehr verstärken und erhöhen, als dieses Zusammenhalten und Vergleichen der philosophischen Spekulationen? Was
sollte den Anwachs unserer thätigen Erkenntnißvermögen mehr befördern, als das Abwägen so
vieler scharffinnigen und subtilen Gründe, womit
man die Wahrheit entweder deutlicher und erkennba-
rer, oder dunkeler und unerkennbarer hat machen
wollen? Was sollte endlich den Menschen mehr aus
dem Schlummer des blinden Nachsagens zur frey-
ern Anwendung der eigenen Geisteskräfte erwecken,
als jener Geist des Widerspruchs, der von jeher auf
die heiligsten und zur glücklichen Fortsetzung des Lebens nothwendigsten Wahrheiten nicht unbedeu-
tende Angriffe gewagt hat? Aber hier darf ich eine
Bemerkung nicht übergehen, die Ihnen, Meine

Her-

Herren, bey dem fernern Fleiße, so Sie dem
Studio der Weltweisheit zu widmen willens sind,
vielleicht einen nicht unnützen Wink geben wird.
Sobald man sich für ein gewisses philosophisches
System erklärt, sobald man nur allein in diesem
Licht und Wahrheit anzutreffen meynt, sobald ist
man auch in Gefahr aus dem Studio der Philosophie ein bloßes Gedächtnißwerk zu machen, und
anstatt durch dasselbe die Erkenntnißkräfte absolute
zu erhöhen, diesen nur eine Fertigkeit zu geben, gewisse Vorstellungen und Ideen mit Leichtigkeit
hervorzubringen. Denn gesetzt auch, daß die
Skeptiker in ihrer Behauptung zu weit gehen,
wenn sie sagen: Nur allein ihre Art zu philosophi-
ren sey der menschlichen Natur am angemessensten
und vortheilhaftesten; nur sie bewahre den Menschen vor jenen unvernünftigen Ausbrüchen der In-
toleranz gegen anders Denkende; nur sie erhalte
in dem menschlichen Geiste theils eine heilsame Re-
ceptivität für jede neue Wahrheit, theils ein immer-
währendes Bestreben sich von Irrthümern, die
auch bey der eifrigsten Wahrheitsliebe beständig in
unsere Einsichten sich einschleichen, immer mehr

und

und mehr zu befreyen; nur sie sey endlich, wegen
des immerwährenden Prüfens entgegengesetzter
und widersprechender Behauptungen, das den we-
sentlichen Charakter des Skepticismus ausmacht,
allein im Stande, dem menschlichen Geiste die er-
habene Bildung zu geben, die ihn, wenn es anders
ein Leben nach dem Tode geben sollte, welches die
kühnste Skepsis doch nie unwahrscheinlich finden
wird, zum Genuß dieses Lebens am beßten vorbe-
reiten und am geschicktesten machen muß: Gesetzt
auch, daß der Skepticismus in diesen Behauptungen sich etwas als ein Eigenthum anmaße, was
ihm nicht ausschließungsweise gehört, so lehrt doch
die allgemeine und übereinstimmende Erfahrung,
daß die Systeme gemeiniglich den nachtheiligen
und höchstlächerlichen Stolz, man habe endlich das
ganze Reich der Wahrheit in seinem vollen Glanz
erblickt, hervorbringen und nähren; und ist erst
dieser Stolz in uns rege geworden, haben wir uns
erst in einem einzigen System recht festgesetzt, dann
kommt uns jeder noch so heftige Angrif auf dasselbe so unbedeutend vor, daß er uns nicht einmal
der Aufmerksamkeit würdig scheint; dann betrach-

ten

ten wir alles, was von diesem Systeme abweicht,
als leere Täuschung oder als groben Irrthum; und
höchst zufrieden mit dem schon erworbenen Eigenthum, denken wir weder an eine Verbesserung noch
an eine Erweiterung dieses Eigenthums. Wollen
Sie also, Meine Herren, vom Studio der Philosophie den erhabenen Vortheil, den es gewähren kann,
ganz und unvermindert erlangen, o! so prägen
Sie Sich die große Wahrheit tief in ihre Seele,
daß das menschliche Wissen einer beständigen Veredlerung fähig sey; daß die Wahrheit einem einzigen Sterblichen nie in ihrem vollen Glanze, den
sein Auge nicht ertragen haben würde, erscheinen
könne; daß die Wahrheit den Eifer eines jeden ihrer Verehrer mit besondern Wohlthaten belohne;
und daß endlich unsere Erkenntnißkräfte nur dann
die erhabenste Bildung erhalten, die sie in diesem
Leben zu erhalten im Stande sind, wenn wir niemals
aufhören das Abweichende und Widersprechende in
den menschlichen Behauptungen zu vergleichen,
und ohne die geringste Vorliebe für irgend eine
Schule und Partei, nach allen seinen Gründen zu
prüfen.

Und

Und so wäre benn, wie ich hoffe eben bewie,
sen zu haben, der Endzweck der Philosophie, der
erhabenste, der nur irgend bey einer Wissenschaft
vorkommen kann; so führte uns denn das Studium derselben zum edelsten Ziele dieses Lebens;
so führte es uns weit näher und weit gewisser zu
demselben, als das Studium jeder andern Wissenschaft. Die höchste und letzte Bestimmung
des Menschen ist Veredlerung und Erhöhung
seiner Kräfte, um dadurch für ein anderes Leben
nach dem Tode geschickt zu seyn: die Philosophie
erweckt, übt und stärkt die Erkenntnißkräfte der
Menschennatur im ganz vorzüglichen Grade. Jede
Stunde, die ihr also gewidmet ist, wird eigentlich
der ganzen grenzenlosen Ewigkeit gewidmet: Jeder
Anwachs unserer Erkenntnißkräfte, den sie bewürkt,
ist also eine Eroberung, von der wir selbst in jenem
Leben noch immerwährenden Nutzen haben werden.
Je eifriger wir auf ihren Altären opfern, mit einer
desto größern Summe von Erkenntnißkräften wer-
ben wir belohnt werden, und desto mehr sind dann
diese Erkenntnißkräfte für die Ewigkeit gereift.

Verbesserungen.

S. 4. Z. 7. Rollen l. Rolen.
— Z. 15. Rolle l. Role.
S. 5. Z. 11. ist nach den Worten: und jeder glaubt
— — am nächsten zu seyn, folgendes beyzu-
fügen: Aber ohnmöglich kann es doch in Rück-
sicht auf dieses Ziel gleich viel seyn, welchen Ge-
brauch wir von den Kräften unserer Natur machen.
S. 22. Z. 5. nie zur alleinigen und unversiegbarer,
l. nie für die alleinige und unversiegbare.
S. 27. Z. 7. selbst thätig, l. selbstthätig.
S. 35. Z. 12. der Gott, l. Der Gott.
S. 39. Z. 23. Christenthum, l. das Christenthum
S. 70. Z. 8. hatte, l. hätte
S. 80. Z. 7. gemachte, l. gemerkte
S. 82. Z. 20. in derselben, l. in der Seele
S. 91. Z. 5. des Greifen l. des Greises.
S. 109. Z. 2. hätte, l. hatte.
— Z. 14. neuem, l. neuen.
S. 113. Z. 22. dem Leibnitz, l. Leibnitzen
S. 114. Z. 2. doch nicht, l. doch noch nicht

www.ingramcontent.com/pod-product-compliance
Lightning Source LLC
Chambersburg PA
CBHW030620270326
41927CB00007B/1250